- FAIT MAISON -

CUISINER AU FIL DES SAISONS

N°2 Automne / Hiver

hachette
CUISINE

ÉDITO

CUISINEZ AU FIL DES SAISONS !

IL N'Y A PAS QUE LES POMMES DE TERRE EN HIVER ! DÉCOUVREZ ICI 100 RECETTES AUTOMNALES ET HIVERNALES, FACILES ET VARIÉES, À BASE DE FRUITS ET LÉGUMES.

Certes les fruits et légumes d'automne et d'hiver sont moins colorés que ceux que l'on trouve en été ; mais ils sont tout aussi bons, variés et adaptés à nos besoins de la saison. Les recettes proposées ici ont été imaginées pour être au plus près du goût des fruits et légumes. Elles permettent aux légumes de révéler leurs véritables saveurs quand ils sont cuisinés à la pleine saison. Et pour en savoir encore plus, nous vous proposons 30 fiches produits qui vous permettrons de tout connaître sur ces fruits et légumes : pommes de terre, carotte, clémentine mais aussi quelques légumes plus originaux comme les topinambours ou le radis noir et le rutabaga... Vous pourrez ainsi distinguer les différentes variétés et savoir comment les choisir sur les étals du marché. Vous apprendrez à bien les préparer et les cuisiner, mais aussi à les conserver dans les meilleures conditions. Enfin, Les recettes et les astuces des fiches produits vous permettront de connaitre les meilleures viandes, épices et aromates à associer avec chaque légume ou fruit.

Une histoire de saison

Chacun sait qu'acheter et cuisiner les fruits et légumes à la bonne saison permet de profiter pleinement de leurs saveurs mais également de leurs vertus. De septembre à novembre, l'automne fait une belle place aux cèpes et au céleri qui parfumeront délicatement vos gratins et soupes. Puis profitez des vitamines que vous apporteront les carottes, le potimarron ou encore le pamplemousse pour affronter l'hiver !

SOMMAIRE

AUTOMNE

1

LE CÉLERI-RAVE, DONT LE NOM SCIENTIFIQUE EST *APIUM GRAVEOLENS RAV.RAPACEUM*, EST UNE PLANTE POTAGÈRE HERBACÉE BISANNUELLE APPARTENANT À LA FAMILLE DES APIACÉES (OU OMBELLIFÈRES). ORIGINAIRE DU BASSIN MÉDITERRANÉEN, IL EST CONSIDÉRÉ COMME UN LÉGUME RACINE : SEULE LA BASE RENFLÉE FORMANT UNE GROSSE BOULE, APPELÉE « LA POMME », EST CONSOMMÉE. IL S'AGIT D'UN DES LÉGUMES LES PLUS ANCIENNEMENT CONSOMMÉS DANS LA VIEILLE EUROPE.

LES DIFFÉRENTES VARIÉTÉS

Parmi les différentes variétés de céleri-rave, on peut distinguer le céleri précoce du céleri d'automne.

Parmi les variétés précoces, on peut citer l'« Alba », l'« Ajax », le « Blanc de Rueil », le « Géant Danois », et l'« Ofir ». Ils sont souvent reconnaissables à leur pomme très ronde et dense.

Le céleri d'automne, dit « de saison », se présente avec une pomme plus grosse. Le « Cobra », le « Diamant », le « Mentor », le « Monarch », le « Névé » et le « Niva » en sont les principales variétés.

BIEN CHOISIR LE CÉLERI-RAVE

Le céleri-rave doit être choisi lourd et ferme. Formant une belle boule, il ne doit pas être taché : ni de brun, ni de jaune. Enfin, sa chair étant très dense et ferme, le céleri-rave frais ne doit pas sonner creux. Il est généralement vendu sans ses feuilles et radicelles, mais pendant la saison de récolte, il est possible de le trouver dans son entier.

LES MODES DE CONSERVATION

Le céleri-rave se conserve bien pendant 10 jours, placé dans le bac à légumes du réfrigérateur. Afin que son odeur ne se répande pas, enveloppez-le dans un linge ou dans un sac plastique.

Enfoui dans du sable et dans un endroit frais, sombre et aéré, il se conserve pendant plusieurs semaines.

Une fois cuit, il est possible de congeler ce légume.

PRÉPARER LE CÉLERI-RAVE

À l'aide d'un économe ou d'un couteau d'office, enlevez la peau, puis retirez les yeux. Attention, sa peau étant parfois épaisse, le céleri-rave peut être difficile à peler. Lavez le céleri-rave épluché et frottez-le avec une rondelle de citron pour éviter qu'il ne noircisse. Ensuite, cuisinez-le de la façon de votre choix.

CUISINER ET MARIER CE LÉGUME

Le céleri-rave peut se servir aussi bien cru que cuit. Cuit, il sera plus doux ! Sa cuisson peut être faite à la vapeur, dans de l'eau bouillante ou à l'étouffée. Préparé en purée, en gratin, en potage, en frites ou en ragoût, il accompagne savoureusement des plats de viande.

Une fois râpé finement pour le rendre plus digeste, il est possible de le servir cru, en rémoulade, avec une mayonnaise relevée de moutarde, pour équilibrer son goût piquant et prononcé.

LES MEILLEURS MOIS POUR LE CONSOMMER

Pour déguster le meilleur céleri-rave, préférez les mois de septembre, d'octobre et de novembre.

PURÉE DE CÉLERI

Pour 4 personnes
15 min de préparation
20 min de cuisson

1 céleri-rave
3 pommes de terre
1 cuil. à soupe de beurre
1 cuil. à soupe de crème

1. Épluchez et coupez le céleri et les pommes de terre en cubes. Mettez-les à cuire 20 min dans une casserole d'eau bouillante salée. Égouttez et conservez l'eau de cuisson.
2. Moulinez les légumes jusqu'à obtenir une purée bien lisse et ajoutez petit à petit un peu d'eau de cuisson pour que la purée soit onctueuse. Ajoutez le beurre et la crème juste avant de servir.

LES VERTUS DU CÉLERI-RAVE

Figurant parmi les légumes les moins caloriques, le céleri-rave est aussi léger que l'aubergine. Sa densité minérale est son principal atout. En effet, il renferme d'importantes quantités de potassium et ainsi qu'un bel apport en calcium, fer, phosphore, magnésium, cuivre, sélénium et manganèse. Contenant 5 % de fibres, il stimule aussi le transit intestinal. Attention, le céleri-rave a une teneur élevée en sodium, en cas de régime hyposodé strict, mieux vaut éviter d'en consommer !

CÉLERI-RAVE

CONSERVATION	VALEUR ÉNERGÉTIQUE	CONSOMMATION
10 J	42 KCAL / 100 G	SEPT NOV.

PURÉE DE CÉLERI, PIGNONS DE PIN ET CHIPS DE JAMBON

Pour 6 personnes
20 min de préparation
40 min de cuisson

1 gousse d'ail
1 petite boule de céleri
1 l de lait frais entier
2 cuil. à soupe de riz blanc
50 g de beurre
3 tranches de jambon cru
1 cuil. à soupe de pignons de pin
Sel et poivre

Matériel
Moulin à légumes

POUR L'APÉRO

1. Épluchez la gousse d'ail et le céleri. Coupez-les en morceaux et disposez-les dans une casserole avec le lait, du sel et du poivre. Couvrez d'eau froide et portez à ébullition. Ajoutez le riz et laissez cuire 15 min. Égouttez le céleri et passez-le au moulin à légumes muni d'une grille fine. Ajoutez le beurre et vérifiez l'assaisonnement.
2. Préchauffez le four à 120 °C (th. 4). Coupez le jambon en larges tronçons et mettez-les sur une feuille de papier sulfurisé. Enfournez pour 20 min de cuisson : la couleur du jambon doit foncer et celui-ci doit devenir brillant. Sortez du four.
3. Dans une poêle, faites revenir les pignons de pin sans matière grasse jusqu'à ce qu'ils soient dorés.
4. Répartissez la purée de céleri dans de jolies tasses ou des verrines, ajoutez les pignons de pin et les chips de jambon. Servez aussitôt.

CONSEIL
Pour adoucir le goût du céleri, vous pouvez ajouter sur la purée une fine couche de yaourt à la grecque mélangé à un peu de jus de citron. Vous pouvez aussi remplacer les pignons par des amandes effilées ou des noisettes concassées.

SOUPE FROIDE DE CÉLERI ET POMMES VERTES

Pour 6 personnes
15 min de préparation
25 min de cuisson
4 h de réfrigération

1 boule de céleri-rave
2 pommes Granny Smith
½ citron (le jus)
1 oignon
1,2 l d'eau
30 g de noisettes
2 cuil. à soupe d'huile d'olive
Sel, poivre

Matériel
Blender

1. Épluchez le céleri et les pommes et coupez-les en morceaux. Citronnez les pommes pour éviter qu'elles ne noircissent. Epluchez l'oignon et émincez-le.
2. Dans une cocotte, faites revenir l'oignon à feu doux avec un peu d'huile et 1 pincée de sel. Une fois qu'il est translucide, ajoutez les cubes de pommes et de céleri. Prolongez la cuisson pendant 5 min en remuant régulièrement, puis versez l'eau. Salez, poivrez. Couvrez et portez à ébullition, puis laissez cuire à feu doux pendant 20 min.
3. Lorsque le céleri est bien tendre, égouttez-le grossièrement, en conservant le bouillon de cuisson. Mixez-le finement en versant lentement le bouillon pour ajuster au mieux l'onctuosité de la soupe. Rectifiez l'assaisonnement et laissez refroidir la soupe avant de la placer au réfrigérateur durant 4 h.
4. Dans une poêle, faites griller les noisettes sans matière grasse ; laissez-les refroidir puis concassez-les avec un couteau.
5. Au moment de servir, parsemez la soupe de noisettes concassées. Dégustez bien frais.

TIAN DE LÉGUMES D'AUTOMNE AU MIEL ET AU ROMARIN

1. Préchauffez le four à 160 °C (th. 5-6). Épluchez et lavez les oignons, les gousses d'ail et les poireaux. Hachez-les finement et faites-les revenir dans une poêle à feu moyen avec 1 filet d'huile d'olive. Salez, poivrez et ajoutez 1 branche de romarin ciselée.
2. Épluchez et lavez le céleri-rave, les pommes de terre et les carottes. À l'aide d'un couteau, ou d'une mandoline, coupez-les en tranches de 5 mm d'épaisseur.
3. Réduisez les biscottes en chapelure.
4. Dans le plat à gratin, étalez le mélange aux poireaux. Placez ensuite les lamelles de légumes, verticalement, en les alternant. Arrosez de miel.
5. Saupoudrez le tian de chapelure et versez 1 filet d'huile d'olive. Ciselez un peu de romarin frais sur le dessus du tian. Faites cuire 1 h à 160°C (th. 5-6).

Pour 6 personnes
40 min de préparation
1 h 10 de cuisson

2 oignons
3 gousses d'ail
2 poireaux
2 branches de romarin frais
250 g de céleri rave
2 grosses pommes de terre
3 carottes
3 biscottes
4 cuil. à soupe de miel
2 filets d'huile d'olive
Sel, poivre du moulin

Matériel
Plat à gratin

2

LE CÈPE, DE SON NOM SCIENTIFIQUE *BOLETUS*, EST UN CHAMPIGNON APPARTENANT À LA FAMILLE DES BOLETACEAE (LES BOLETS). SON NOM VIENT DU MOT « CEP » QUI SIGNIFIE « TRONC » EN GASCON. IL EST RECONNAISSABLE À SON PIED SOUVENT RENFLÉ ET AUX TUBES CARACTÉRISTIQUES QUI TAPISSENT LA FACE INTERNE DE SON CHAPEAU CHARNU ET ROND. IL PEUT ÊTRE BLANC, JAUNE, BLEU, VIOLACÉ OU BRUN ET SON DIAMÈTRE OSCILLE ENTRE 6 ET 20 CM.

LES DIFFÉRENTES VARIÉTÉS

Il existe une centaine d'espèces de bolets, parmi lesquelles on peut distinguer quatre types de cèpes :

- le « cèpe de Bordeaux », variété très prisée car de premier choix, au chapeau d'un beau marron qui se dégrade sur les bords ;
- le « cèpe bronzé », espèce voisine du « cèpe de Bordeaux », se distinguant par sa couleur plus foncée, d'un brun sombre aux reflets bronze tirant sur le noir ;
- le « cèpe d'été », ressemblant au « cèpe de Bordeaux » bien qu'un peu moins charnu, dont la saison de prédilection dure de la fin du printemps jusqu'au début de l'été. Malheureusement, il est souvent véreux ;
- le « cèpe des pins » au chapeau très charnu et épais, d'une couleur brun-rouge assez sombre et connu pour son arôme très fin.

BIEN CHOISIR LES CÈPES

Les cèpes doivent être choisis sans tache et fermes de la tête au pied. Une odeur de noisette doit se dégager du champignon, un gage de sa jeunesse. La taille n'influe pas sur le goût, mais « l'âge » du champignon, oui ! Pour vous assurer de la fraîcheur du cèpe, vérifiez que son chapeau est bien soudé au pied et qu'une mousse de couleur jaune ou verte apparait en dessous. Si cette mousse est brune, le cèpe n'est pas frais et donc indigeste.

LES MODES DE CONSERVATION

Les cèpes peuvent se conserver pendant 24 h au réfrigérateur, dans un linge ou dans un sac en papier pour les laisser respirer. Il est également recommandé de ne pas les entasser.

Pour congeler des cèpes, mieux vaut les choisir de petite taille. Après les avoir nettoyés avec une feuille de papier absorbant, sans les passer sous l'eau, coupez la base terreuse et placez-les dans une boîte hermétique adéquate. Les cèpes peuvent aussi se conserver dans des bocaux (voir recette p.23).

PRÉPARER LES CÈPES

Inutile de laver les cèpes à grande eau, il suffit de couper leur pied terreux et de les frotter avec un linge humide ou une feuille de papier absorbant. Retirez au couteau les parties légèrement abîmées ainsi que les tubes situés sous le chapeau car ils sont souvent visqueux.

Pour vous assurer que les champignons ne contiennent pas de vers, posez-les à plat sur un plateau et recouvrez-les de film alimentaire. Privés d'air, les éventuels asticots sortent et viennent se poser sur le film.

CUISINER ET MARIER CE CHAMPIGNON

Dans un premier temps, faites-leur rendre leur eau dans une sauteuse avec une noisette de beurre, à feu doux. Ils supportent mal les cuissons trop vives.

Les cèpes sont une garniture très appréciée pour les plats de viande, de poisson ou de gibier. Leur utilisation se prête également à de nombreuses sauces d'accompagnement, au vin ou à la crème fraîche. Très parfumés, ils rehaussent subtilement des pâtes, un risotto et s'incorporent parfaitement aux tartes salées. Les cèpes se marient aussi très bien aux échalotes, au persil, à l'ail, aux fromages et aux œufs.

LES MEILLEURS MOIS POUR LE CONSOMMER

Les périodes de pousses varient selon les conditions climatiques, mais elles s'étalent généralement de juin à novembre.

CÈPES SAUTÉS À L'HUILE D'OLIVE

Pour 4 personnes
15 min de préparation
35 min de cuisson

1 kg de cèpes
2 gousses d'ail
3 cuil. à soupe d'huile d'olive
Persil
Sel, poivre

1. Coupez le pied des cèpes, puis frottez-les avec un linge humide. Coupez les champignons en 2 s'ils sont gros.
2. Mettez les cèpes dans une poêle avec l'huile d'olive et les gousses d'ail épluchées et pressées. Salez, poivrez. Faites cuire 30 à 40 min sur feu doux.
3. Lavez, effeuillez et hachez le persil et parsemez-en les cèpes quand ils sont bien dorés.

LES VERTUS DU CÈPE

Le cèpe est pauvre en calories et possède des vertus anti-radicalaires, nécessaires à l'équilibre hormonal. Il est aussi bénéfique pour le système nerveux et la peau. Riche en fibres, il participe également au bon fonctionnement du transit intestinal. Enfin, il est bien pourvu en protéines, fait assez rare pour un légume frais et contient une quantité très importante de minéraux.

CÈPE

CONSERVATION

24 H

VALEUR ÉNERGÉTIQUE

28 KCAL / 100 G

CONSOMMATION

JUIN
NOV.

BALLOTTINE DE FOIE GRAS DE CANARD AUX CÈPES

Pour 4 à 6 personnes
1 h de préparation
1 h 30 + 15 min de cuisson
1 h + 1 ou 2 jour(s) de réfrigération

Le bouillon
1 kg d'ailerons de poulet
2 oignons
2 carottes
1 poireau
1 bouquet garni
Sel, poivre du moulin

Les cèpes
20 g de beurre
150 g de cèpes frais
1 échalote
Sel, poivre du moulin

Le foie gras
1 foie gras de canard frais (450 g)
7 g de sel fin
1 g de poivre noir fraîchement moulu
2 g de sucre en poudre
4 cuil. à soupe de pineau des Charentes ou d'un autre alcool

Matériel
Écumoire
Passoire
Thermomètre de cuisine
Film alimentaire
Papier d'aluminium

1. Préparez le bouillon. Mettez les ailerons de poulet dans une grande casserole, ajoutez 2,5 l d'eau et portez à ébullition. Écumez la surface à l'aide de l'écumoire. Ajoutez les légumes épluchés et coupés en gros morceaux, ainsi que le bouquet garni. Laissez cuire à feu très doux pendant 1 h 30. Filtrez à travers la passoire, puis salez et poivrez.
2. Dans une poêle, faites chauffer le beurre. Ajoutez les cèpes et l'échalote pelée et hachée. Salez, poivrez et laissez cuire de 10 à 15 min. Ôter du feu et laissez refroidir. Divisez le foie gras en 2 lobes.
3. Portez le bouillon à une température comprise entre 80 et 85 °C et plongez-y les lobes de foie gras. Laissez cuire pendant 15 min, puis sortez du feu délicatement. Posez les lobes sur une assiette et recouvrez de film alimentaire. Laissez refroidir pendant 1 h.
4. Déveinez les lobes de foie gras. Mélangez le sel, le poivre et le sucre dans un petit bol. Répartissez la moitié de cet assaisonnement dans une assiette creuse. Posez le foie par-dessus, partie ouverte face à vous. Saupoudrez le foie du reste de l'assaisonnement. Arrosez de pineau.
5. Répartissez les cèpes sur le foie, puis roulez-le assez serré dans du film alimentaire de sorte à obtenir un rouleau de 14 ou 15 cm de long et de 4 ou 5 cm de diamètre. Emballez-le ensuite dans du papier d'aluminium. Placez au réfrigérateur pendant 1 ou 2 jour(s), puis dégustez la ballottine en la découpant en tranches de 1 cm d'épaisseur.

VARIANTES
Remplacez les cèpes par des girolles, des trompettes-de-la-mort, des figues, de la mangue, de la pomme cuite, etc.

SOUPE DE CÈPES, TUILES AU PARMESAN

Pour 6 personnes
20 min de préparation
25 min de cuisson

100 g de parmesan fraîchement râpé
500 g de cèpes
2 échalotes
1 cube de bouillon de volaille bio
1 l d'eau
20 cl de crème liquide
30 g de beurre
Sel et poivre

Matériel
Blender
Plaque du four
Papier sulfurisé

1. Préchauffez le four à 220 °C (th. 7). Sur la plaque tapissée de papier sulfurisé, étalez le parmesan en forme de disque d'environ 10 cm de diamètre. Enfournez pour 5 min environ jusqu'à ce que le parmesan fonde. Laissez refroidir le temps que les tuiles durcissent.
2. Brossez les cèpes et émincez-les. Épluchez les échalotes et émincez-les. Dans une cocotte, faites revenir les échalotes et 1 pincée de sel dans le beurre fondu. Ajoutez ensuite les cèpes et poursuivez la cuisson pendant 5 min en remuant régulièrement. Versez le bouillon. Couvrez et portez à ébullition, puis laissez cuire pendant 15 min à feu doux. Égouttez rapidement les cèpes avec une écumoire tout en gardant le bouillon de cuisson de côté.
3. Mixez finement les cèpes avec la crème et versez petit à petit le bouillon jusqu'à l'obtention d'une belle consistance de velouté. Servez chaud avec les tuiles au parmesan.

CHAMPIGNONS MÉLANGÉS À LA CRÈME

Pour 4-6 personnes
20 min de préparation
35 min de cuisson

1,2 kg de champignons mélangés, selon la saison
4 échalotes
1 noix de beurre
1 verre de vin blanc sec
50 cl de crème fraîche épaisse
1 verre de bouillon
1 botte de cerfeuil
1 cuil. à soupe de cognac
Sel, poivre du moulin

1. Si besoin, lavez puis épluchez les champignons. Coupez les plus gros (les cèpes par exemple) en quartiers et laissez les autres entiers. Épluchez, puis hachez les échalotes.
2. Dans une cocotte, faites sauter les échalotes dans le beurre pendant 2 ou 3 min, puis ajoutez les champignons. Salez, poivrez et laissez cuire pendant 10 min.
3. Ajoutez le verre de vin et laissez bouillir 5 min, puis versez la crème et le bouillon. Laissez mijoter doucement à couvert pendant 15 min.
4. Sortez du feu, ajoutez le cerfeuil haché et le cognac, puis servez bien chaud dans des assiettes creuses.

ESCARGOTS MITONNÉS AUX CÈPES

1. Portez une casserole d'eau à ébullition. Ébouillantez les lardons, puis égouttez-les et mettez-les de côté. Épluchez les gousses d'ail, ôtez leurs germes si besoin, puis hachez-les. Hachez finement le persil (sauf les plus grosses tiges).
2. Dans une poêle, faites sauter les cèpes pendant 10 min avec un peu d'huile, de sel et de poivre. Mettez de côté. Préchauffez le four à 180 °C (th. 6).
3. Faites chauffer une petite cocotte à feu assez vif avec le beurre. Faites sauter les lardons, les cèpes et les escargots pendant 2 ou 3 min environ. Ajoutez l'ail et laissez cuire encore 1 min.
4. Versez la crème fraîche et le bouillon. Salez, poivrez et parsemez de persil. Couvrez et enfournez pour 15 à 20 min de cuisson. Servez chaud.

VARIANTE

Servez ces escargots aux cèpes dans des bouchées feuilletées.

Pour 6 personnes (entrées)
25 min de préparation
25 min de cuisson

120 g de lardons fumés
2 gousses d'ail
Quelques brins de persil
1 belle noix de beurre
500 g de cèpes
48 escargots en conserve égouttés
4 cuil. à soupe de crème fraîche épaisse
20 cl de bouillon
Huile
Sel, poivre du moulin

Matériel
Écumoire

PAPPADELLES AUX CÈPES ET POULET À LA CRÈME

Pour 4 personnes
30 min de préparation
20 min de cuisson

400 g de pappardelles
OU
400 g de farine
4 œufs

Garniture
300 g de cèpes frais
3 blancs de poulet
2 gousses d'ail
½ botte de persil plat
20 g de beurre
20 cl de crème liquide
1 filet d'huile de truffe blanche
100 g de parmesan fraîchement râpé
2 filets d'huile d'olive
Sel, poivre

1. Préparez la pâte (voir p. 184) ou utilisez des pâtes du commerce (respectez dans ce cas le temps de cuisson indiqué sur le paquet).
2. Confectionnez les pappardelles. Étalez la pâte assez finement. Saupoudrez-la légèrement de farine et repliez-la plusieurs fois sur elle-même. À l'aide d'un couteau, découpez des pappardelles d'environ 2 cm de largeur. Déroulez les bandes de pâte. Disposez les pappardelles sur un plan de travail fariné, laissez sécher.
3. Préparez la garniture. Brossez les cèpes. Coupez-les grossièrement en tranches épaisses. Coupez les blancs de poulet en lanières. Pelez et ôtez les germes des gousses d'ail. Hachez-les finement ou écrasez-les avec un presse-ail. Ciselez le persil.
4. Dans une large poêle, faites chauffer 1 filet d'huile d'olive, puis faites revenir à feu vif les lanières de poulet. Lorsqu'elles sont bien dorées, salez et poivrez puis mettez de côté dans une assiette. Dans la même poêle, versez de nouveau 1 filet d'huile d'olive et faites fondre le beurre. Lorsqu'il mousse, ajoutez les cèpes et faites-les revenir à feu vif pour obtenir une belle coloration. L'eau des champignons doit s'être complètement évaporée en fin de cuisson. Salez et ajoutez l'ail et le persil. Mettez le poulet, les champignons et la crème dans la poêle. Mélangez et poursuivez la cuisson à feu doux pendant 5 min environ.
5. Plongez les pâtes dans une casserole d'eau bouillante salée. Quand elles sont cuites *al dente*, égouttez-les et versez-les dans la poêle avec le reste des ingrédients. Mélangez sur feu doux pendant 1 min. Versez 1 filet d'huile de truffe blanche et servez avec le parmesan râpé.

CÈPES MIJOTÉS AUX ÉCHALOTES

Pour 4 personnes
25 min de préparation
30 min de cuisson

1,2 kg de cèpes
5 échalotes
2 grosses noix de beurre
5 cl de vermouth
25 cl de crème fraîche
2 pincées de noix muscade râpée
Quelques brins de persil
Quelques gouttes de jus de citron
Sel, poivre du moulin

VÉGÉTARIEN

1. Essuyez les cèpes et éliminez les brindilles éventuelles. Épluchez et hachez finement les échalotes.
2. Coupez les cèpes en tranches assez épaisses, puis faites-les sauter à la poêle dans 1 noix de beurre pendant 10 min.
3. Dans une cocotte, faites cuire les échalotes dans le reste du beurre pendant 2 ou 3 min. Ajoutez les cèpes et mélangez. Versez le vermouth et laissez bouillir 1 min avant d'ajouter la crème fraîche, la noix muscade, un peu de sel et de poivre. Laissez mijoter 20 min environ.
4. Sortez du feu, salez et poivrez à nouveau si besoin, puis terminez la recette en ajoutant le persil haché et quelques gouttes de jus de citron.

VARIANTES
Une recette à cuisiner également avec des girolles ou de simples champignons de Paris.

« Une recette très nature qui sublimera le goût des cèpes. »

CÈPES DU PUY-DE-BET

Pour 2 bocaux de 1 l
20 min de préparation
1 h à 1 h 30 de cuisson
1 an de conservation

1 kg de cèpes ultra frais et très fermes
1 l d'huile végétale
15 cl de vinaigre de vin vieilli en fût de chêne
4 brins de thym frais
2 brins de romarin frais
4 brins de sarriette fraîche (facultatif)
2 feuilles de laurier
1 cuil. à café de poivre (noir et blanc) en grains
1 cuil. à soupe rase de gros sel

Matériel
2 bocaux

RECETTE ARTISANALE

1. Coupez la base des pieds des cèpes, puis brossez-les délicatement. Si besoin, essuyez-les à l'aide d'un torchon fin et très légèrement humide. Ne les passez surtout pas sous l'eau : les champignons ne supportent pas d'être lavés. Gardez les petits cèpes entiers. Pour ceux de taille moyenne, gardez les chapeaux entiers et coupez les queues en deux dans le sens de la longueur. Quant aux gros, coupez également les chapeaux en deux.
2. Dans une cocotte en fonte ou une marmite à fond épais, versez l'huile. Ajoutez le vinaigre, le sel et le poivre ainsi que les herbes. Faites chauffer sur feu moyen et ajoutez les cèpes quand l'huile est chaude : attention toutefois, l'huile ne doit ni fumer ni bouillir ! Laissez cuire à feu doux entre 1 h et 1 h 30 en remuant très régulièrement. Tant que le mélange mousse en surface, les cèpes ne sont pas cuits. Dès que l'huile redevient limpide, la cuisson est terminée.
3. 10 min avant la fin de la cuisson des cèpes, plongez les bocaux vides dans une grande casserole d'eau bouillante pendant 5 min. Égouttez-les puis séchez-les.
4. Une fois la préparation refroidie, remplissez les bocaux de cèpes et couvrez-les entièrement d'huile.

CONSEIL
Conservez les bocaux pendant 1 an maximum dans un endroit frais et sec.

3

LE CHOU-FLEUR, DONT LE NOM SCIENTIFIQUE EST *BRASSICA OLEACERA, VAR.BOTRYTIS*, EST UNE PLANTE HERBACÉE BISANNUELLE DE LA FAMILLE DES BRASSICACÉES. SANS DOUTE ORIGINAIRE DU PROCHE-ORIENT, IL S'AGIT D'UNE VARIÉTÉ DU CHOU COMMUN, ISSUE DE PLUSIEURS SIÈCLES DE SÉLECTION. LE CHOU-FLEUR PRODUIT UNE BOULE, BLANCHE LE PLUS SOUVENT, TENDRE ET COMPACTE. ELLE EST RÉCOLTÉE AVANT QUE LA PLANTE NE PASSE AU STADE DE LA FLORAISON, SANS QUOI ELLE NE PEUT ÊTRE CONSOMMÉE.

LES DIFFÉRENTES VARIÉTÉS

Le chou-fleur traditionnel est blanc, mais depuis quelques temps, apparaissent sur les marchés des choux-fleurs verts, jaunes ou violets. Les différentes variétés sont le plus souvent classées par saison de production. Parmi les légumes d'automne et d'hiver, se distinguent : « le chou romanesco », le « chou-fleur géant d'Automne », le « chou-fleur Merveilles de toutes », le « chou-fleur vert de Macerata » et le « chou-fleur violet de Sicile ».

Ils sont présentés sur nos étals de différentes manières : couronnés, demi-couronnés ou encore effeuillés. Les moins feuillus sont plus faciles à cuisiner, car ils sont déjà un peu préparés; mais les plus feuillus se conservent plus longtemps.

BIEN CHOISIR LE CHOU-FLEUR

Le chou-fleur se choisit ferme, compact et d'une belle couleur uniforme, ceux présentant des taches brunes doivent être laissés de côté. Idéalement, les inflorescences, appelées aussi florettes, doivent avoir un grain fin et serré. Il est recommandé de vérifier l'aspect des feuilles entourant la pomme car elles sont un gage de fraîcheur. Attention, il ne faut jamais acheter un chou-fleur commençant à fleurir.

LES MODES DE CONSERVATION

Le chou-fleur se conserve pendant 2 à 3 jours, placé dans le bac à légumes du réfrigérateur. Il est préférable de lui laisser sa couronne de feuilles protectrices, sa fraîcheur sera mieux préservée. Autrement, il peut être enveloppé dans un linge humide.

Il peut se congeler. Après avoir blanchi les bouquets quelques minutes dans de l'eau bouillante salée, égouttez-les soigneusement, puis mettez en sachets. Ils peuvent alors se garder jusqu'à 6 mois.

Enfin, conservé dans du vinaigre, le chou-fleur peut se transformer en pickles.

PRÉPARER LE CHOU-FLEUR

Après avoir séparé la pomme en petits bouquets, il est recommandé de les faire blanchir quelques minutes afin de faciliter la digestion. Une fois blanchis, les bouquets peuvent être cuits à la vapeur, à la casserole ou encore au four. Quel que soit le mode de cuisson, il est toujours préférable de ne pas faire cuire le chou-fleur trop longtemps car la production d'hydrogène sulfuré augmente pendant la cuisson et complique la digestion. Si vous souhaitez faire cuire un chou-fleur entier, entaillez le trognon en formant une croix dessus à l'aide d'un couteau, cela permettra une cuisson homogène.

CUISINER ET MARIER CE LÉGUME

Le chou-fleur se consomme aussi bien cru que cuit. Cru, il est très apprécié lors des apéritifs, accompagné d'une sauce de type tapenade, aïoli ou encore d'une mayonnaise. Il peut aussi être servi en salade avec une simple vinaigrette, du céleri et des betteraves. Cuit, le chou-fleur est délicieux sous forme de gratin, de flan, de mousse ou de purée. Il permet aussi de réaliser de savoureux beignets.

Les feuilles enveloppant la pomme peuvent aussi se consommer en soupe et en potage, à condition de ne conserver que les plus petites.

LES MEILLEURS MOIS POUR LE CONSOMMER

Le chou-fleur est disponible sur les étals tout au long de l'année, mais sa meilleure période commence au mois d'octobre et se termine à la fin du mois de mars.

SALADE DE CHOU-FLEUR

Pour 4 personnes
10 min de préparation
10 min de cuisson

1 chou-fleur
3 cuil. à soupe de fromage blanc
2 cuil. à soupe d'huile d'olive
1 citron (le jus)
Ciboulette
Sel, poivre

1. Rincez le chou-fleur et prélevez les bouquets. Faites-les cuire dans une casserole d'eau bouillante salée pendant 10 min. Égouttez et laissez-les refroidir.
2. Mélangez ensemble l'huile, le fromage blanc, le citron et la ciboulette. Salez, poivrez.
3. Servez les tièdes, avec de la sauce très fraîche.

LES VERTUS DU CHOU-FLEUR

Le chou-fleur est riche en fibres douces, utiles au bon transit intestinal. Cependant le soufre contenu dans ce légume peut être indigeste s'il est mal cuit. Source d'oligoéléments, il a d'importantes propriétés antibactériennes et désintoxicantes. Bien pourvu en vitamine B, nécessaire à la multiplication des cellules et à leur renouvellement, il l'est aussi en vitamine C, appréciable en hiver.

CHOU-FLEUR

CONSERVATION

2-3 J

VALEUR ÉNERGÉTIQUE

25 KCAL / 100 G

CONSOMMATION

OCT.
MARS

TABOULÉ DE CHOU-FLEUR

Pour 4 personnes
30 min de préparation
1 h de repos

½ chou-fleur
½ bouquet de ciboulette
25 g de pignons de pin
25 g d'amandes effilées
80 g d'Abondance (tomme de vache)
25 g de graines de soja torréfiées
50 g de raisins secs blonds
5 cl de jus de pomme
2 cuil. à soupe de vinaigre de cidre
3 cuil. à soupe d'huile de tournesol
Fleur de sel, poivre du moulin

Matériel
Râpe (à plusieurs facettes) ou mixeur

1. Lavez et séparez les bouquets de chou-fleur, puis râpez-les comme de la semoule ou mixez-les. Lavez et ciselez la ciboulette.
2. Dans une poêle, torréfiez à sec les pignons de pin et les amandes effilées. Coupez le fromage en petits cubes.
3. Dans un saladier, disposez la semoule de chou-fleur, les fruits torréfiés, le raisin et la ciboulette. Ajoutez de la fleur de sel, du poivre, le jus de pomme, le vinaigre de cidre et l'huile. Réservez au frais 1 h.
4. Servez dans des petites assiettes ou des petits bols.

SOUPE DE CHOU-FLEUR ET PANCETTA CROUSTILLANTE

Pour 4 à 6 personnes
20 min de préparation
30 min de cuisson

6 tranches de pancetta
La soupe
1 chou-fleur
2 échalotes
15 cl de crème épaisse
1 l de lait
20 g de beurre
Sel et poivre du moulin

Matériel
Plaque du four
Papier sulfurisé
Mixeur

1. Préchauffez le four à 180 °C (th. 6). Sur la plaque tapissée de papier sulfurisé, déposez les tranches de pancetta les unes à côté des autres. Enfournez pour 10 min environ, les tranches doivent être dorées. Laissez refroidir à température ambiante.
2. Lavez et coupez le pied du chou-fleur, puis taillez-le en petits bouquets. Épluchez puis émincez les échalotes. Dans une cocotte, faites fondre le beurre et faites suer les échalotes avec 1 pincée de sel. Une fois qu'elles sont translucides, ajoutez les bouquets de chou-fleur et versez le lait. Assaisonnez. Portez à ébullition sans couvrir, puis baissez le feu et poursuivez la cuisson pendant 20 min jusqu'à ce que les légumes soient tendres. Hors du feu, ajoutez la crème, puis mixez finement le chou-fleur.
3. Servez la crème chaude avec les tranches de pancetta croustillante.

GRATIN DE CHOU-FLEUR, COCO, CURRY

Pour 4 personnes
20 min de préparation
1 h de cuisson

1 chou-fleur
3 gousses d'ail
1 oignon
10 g de gingembre
2 cuil. à soupe de curry en poudre
1 cuil. à soupe de *garam masala*
20 cl de lait de coco
20 cl de crème liquide
60 g de salers (ou de comté)
1 filet d'huile d'olive

Matériel
Plat à gratin

1. Préchauffez le four à 180 °C (th. 6). Détaillez le chou-fleur en petits bouquets, lavez-les puis cuisez-les à la vapeur pendant 15 min. Épluchez et émincez très finement les gousses d'ail, l'oignon et le gingembre.
2. Dans une poêle à feu moyen, faites revenir, avec 1 filet d'huile d'olive, le gingembre, l'ail et l'oignon hachés. Ajoutez le curry, le *garam masala*, le lait de coco et la crème. Laissez mijoter à feu doux pendant 15 min.
3. Mettez les bouquets de chou-fleur dans le plat à gratin. Versez par-dessus le lait de coco au curry. Saupoudrez le tout de salers râpé. Faites cuire 30 min à 180 °C (th. 6), jusqu'à ce que le gratin soit bien doré.

GRATIN DE CHOU-FLEUR AUX ANCHOIS

1. Préchauffez le four à 180 °C (th. 6). Rincez le chou-fleur et prélevez les bouquets. Faites-les cuire à la vapeur pendant 10 min.
2. Coupez la poitrine fumée et les anchois en petits dés. Râpez la mimolette. Mélangez-les dans un bol avec la crème fraîche, le romarin ciselé et la chapelure.
3. Dans le plat à gratin, disposez les bouquets de chou-fleur et recouvrez de la préparation aux anchois. Faites cuire 20 min à 180 °C (th. 6).

VARIANTE
Le gratin de chou-fleur peut se décliner dans sa version classique avec une béchamel.

Pour 6 personnes
15 min de préparation
30 min de cuisson

1 chou-fleur
1 tranche de poitrine fumée
6 filets d'anchois
100 g de mimolette vieille
25 cl de crème fraîche
2 brins de romarin frais
20 g de chapelure

Matériel
Râpe
Plat à gratin

4

LE CHOU POMMÉ, DE SON NOM SCIENTIFIQUE *BRASSICA OLERACEA*, EST UNE VARIÉTÉ DE CHOU QUI SE DISTINGUE PAR UNE TÊTE ET UN FEUILLAGE LISSES. DE LA FAMILLE DES BRASSICACÉES, CETTE PLANTE VIVACE FORME UNE ROSETTE DE FEUILLES, DE 30 À 60 CM ET PÈSE 2 KG EN MOYENNE. VERT, BLANC OU ROUGE, LE CHOU POMMÉ SE DÉCLINE EN DIFFÉRENTES ESPÈCES. SON GOÛT TYPÉ, ASSEZ RUSTIQUE, EST TRÈS APPRÉCIÉ DANS DE NOMBREUX PLATS TRADITIONNELS.

LES DIFFÉRENTES VARIÉTÉS

Le chou se décline en de très nombreuses variétés parmi lesquelles on peut distinguer deux types de choux pommés qui ont des apparences très différentes : le chou cabus et le chou de Milan.

Parmi les variétés de chou cabus, il est possible de citer :

- le chou cabus blanc avec sa robe vert pâle et ses feuilles lisses et denses. Parmi les plus connus on citera : le « Farao », le « Castello », le « Minicole », l'« Eton », le « Caïd », le « Kingston », le « Marathon » et l'« Attraction » ;

- le chou pointu de Chateaurenard avec ses feuilles bien lisses s'enroulant comme un cornet. Parmi les plus consommés, il est possible de distinguer le « Scout » et le « Duncan » ;

- le chou cabus rouge en forme de grosse pomme rouge et violette, et aux feuilles lisses et denses. Parmi les plus commercialisés figurent : le « Primero », le « Rodeo », le « Lectro », le « Integro », le « Autoro », le « Roxy », l'« Huzaro » et le « Rodima ».

Le chou de Milan, quant à lui, se différencie par sa couleur d'un vert franc parfois bleuté et ses feuilles larges, frisées et nervurées. Les espèces les plus rencontrées sont l'« Atlanta », le « Capriccio », le « Clarissa », l'« Othello », le « Primavoy », le « Siberia » et le « Tasmania ».

BIEN CHOISIR LE CHOU POMMÉ

Frisé ou lisse, le chou pommé doit être choisi lourd et dense. Ses feuilles doivent être craquantes, bien serrées, d'une couleur franche et ne pas avoir trop de meurtrissures.

LES MODES DE CONSERVATION

Le chou pommé se conserve pendant une bonne semaine, placé entier dans le bac à légumes du réfrigérateur.

Après avoir été blanchi pendant 5 à 7 min, le chou pommé supporte également très bien la congélation.

PRÉPARER LE CHOU POMMÉ

Le chou pommé se prépare rapidement. Après l'avoir coupé en deux ou en quatre, ôtez toutes les feuilles abimées ainsi que le trognon dur. Rincez-le à l'eau fraîche et au vinaigre, puis détaillez-le en lanières. En fonction de la recette envisagée, le chou peut se cuire dans de l'eau bouillante, à la vapeur, à l'autocuiseur, au four, à la poêle ou encore au wok. Cependant, avant de le cuire et pour le rendre plus digeste, il est fortement recommandé de le blanchir quelques minutes à grande eau et à découvert.

CUISINER ET MARIER CE LÉGUME

Préparé cru, le chou pommé se sert en délicieuses salades, accompagné de carottes, de céleri et de noix. Il peut être assaisonné facilement avec de la vinaigrette et de la moutarde. Il apprécie particulièrement les saveurs relevées.

Une fois cuit, le chou pommé peut être accompagné de pommes de terre, de betteraves, de navets et de haricots secs. Plus traditionnellement, il se cuisine avec des viandes comme le porc et le bœuf, les volailles ou encore du poisson. Son goût prononcé permet de préparer de savoureuses potées hivernales.

LES MEILLEURS MOIS POUR LE CONSOMMER

La meilleure période pour consommer le chou pommé commence au mois d'octobre et se termine au mois de mars.

LES VERTUS DU CHOU POMMÉ

Le chou pommé est peu calorique et contient des fibres stimulantes pour le transit intestinal. Riches en vitamines variées, il est conseillé, pour les préserver, de ne pas le laisser tremper dans l'eau trop longtemps et de le manger si possible cru. Le soufre qu'il contient est un oligoélément aux fortes propriétés antibactériennes et désintoxicantes. Attention, il peut cependant s'avérer indigeste ; il est donc recommandé de le blanchir quelques minutes avant de le faire cuire !

CHOU POMMÉ

CONSERVATION

7 J

VALEUR ÉNERGÉTIQUE

25 KCAL / 100 G

CONSOMMATION

OCT. MARS

CHUTNEY DE CHOU ROUGE

Pour 2 pots
15 min de préparation
45 min de cuisson

1 gousse d'ail
2 cm de gingembre frais
1 petit chou rouge
25 g de beurre
75 g de sucre en poudre
75 g de miel liquide
10 cl de vinaigre de xérès
1 bâton de cannelle
2 cuil. à soupe d'huile végétale
Sel, poivre du moulin

Matériel
2 grands pots à confiture stérilisés

1. Épluchez puis hachez l'ail et le gingembre. Retirez les premières feuilles du chou et coupez-le le plus finement possible en retirant les nervures trop grosses. Mettez le chou dans une casserole, couvrez d'eau froide et portez à ébullition pendant quelques secondes. Égouttez-le.
2. Dans une grande casserole, faites fondre le beurre avec l'huile. Ajoutez le chou, l'ail et le gingembre. Faites cuire à feu doux, ou moyen, pendant 10 min en remuant de temps en temps. Versez le sucre et le miel, puis laissez caraméliser pendant quelques minutes à feu moyen.
3. Ajoutez alors le vinaigre, la cannelle et 25 cl d'eau. Salez et poivrez. Portez à ébullition, puis laissez réduire jusqu'à ce qu'il ne reste plus de liquide. Rectifiez l'assaisonnement si besoin.
4. Remplissez les pots à confiture de chutney, fermez-les et retournez-les afin de créer un vide. Laissez refroidir.

CONSEIL
Vous pouvez ajouter des raisins secs ou de petits fruits rouges comme des groseilles ou du cassis.

UN PEU D'HISTOIRE
Les chutneys sont des préparations de fruits ou de légumes indiennes épicées, mais pas obligatoirement sucrées. Souvent, elles sont surtout acides. C'est la rencontre de la cuisine indienne et anglaise qui a créé le chutney, les Anglais ayant l'idée de traiter les chutneys comme des confitures et donc d'y ajouter systématiquement du sucre afin de créer un mélange sucré-salé ou aigre-doux.

SOUPE AU CHOU

1. Retirez le cœur du demi-chou et émincez-le. Pelez les pommes de terre, les carottes, les navets et taillez-les en petits cubes. Épluchez les oignons et émincez-les.
2. Dans une cocotte, faites fondre le beurre puis placez-y les oignons avec 1 pincée de sel. Une fois qu'ils sont translucides, ajoutez le chou émincé et les carottes puis faites-les fondre à feu doux. Ajoutez ensuite le reste des légumes et les lardons, poursuivez la cuisson pendant 5 min en remuant régulièrement, puis versez le bouillon. Couvrez et portez à ébullition, puis laissez cuire à feu doux pendant 15 min. Rectifiez l'assaisonnement si nécessaire.
3. Servez la soupe bien chaude.

Pour 4 à 6 personnes
20 min de préparation
30 min de cuisson

½ chou vert
4 pommes de terre (type charlotte)
3 carottes
2 navets
20 g de beurre
2 oignons
100 g de lardons fumés
2 cubes de bouillon de légumes bio + 1,5 l d'eau
Sel, poivre du moulin

5

LE CRESSON EST UNE PLANTE HERBACÉE, DU NOM SCIENTIFIQUE *NASTURTIUM OFFICINALE* APPARTENANT À LA FAMILLE DES CRUCIFÈRES. ORIGINAIRE DU MOYEN-ORIENT, CE LÉGUME FEUILLE POUSSE DANS UN ENVIRONNEMENT HUMIDE. IL A UN GOÛT PIQUANT ET IL EST SOUVENT UTILISÉ EN SALADE OU EN POTAGE. TOUS LES TRAVAUX DE RÉCOLTE ET D'ENTRETIEN DU CRESSON SE FONT ENCORE ENTIÈREMENT À LA MAIN. POUSSANT LES PIEDS DANS L'EAU DANS UNE CRESSONNIÈRE, IL EST FRÉQUEMMENT CONTRÔLÉ PAR LES SERVICES SANITAIRES, CE QUI FAIT DE LUI UN DES LÉGUMES FEUILLES LES PLUS SURVEILLÉS. CE SONT LES FEUILLES, ÉMERGEANT DE L'EAU, QUI SONT CUEILLIES ET CONSOMMÉES.

LES DIFFÉRENTES VARIÉTÉS

Il existe différentes variétés de cresson parmi lesquelles il est possible de distinguer :

- le « cresson alénois », jeune et caractérisé par de petites feuilles au goût poivré et vendu en botte tout au long de l'année ;
- le « cresson de fontaine », aux feuilles tendres, juteuses et au goût bien relevé, particulièrement appréciées crues. Disponible d'avril à octobre, c'est le plus commun sur les étals ;
- le « cresson de jardin » aux feuilles brillantes au goût poivré et récolté entre juillet et mars ;
- le « cresson des prés », ou « cressonnette », aux feuilles plus fermes et croquantes, dont la culture reste sauvage.

BIEN CHOISIR LE CRESSON

Le cresson doit être choisi pour ses feuilles vertes, serrées et légèrement humides. Évitez le cresson aux feuilles flétries ou jaunies : cela signifie qu'il n'est pas frais, il peut donc contenir des éléments toxiques. Vérifiez aussi le lien de la botte : il doit comporter le numéro d'agrément de la cressonnière.

LES MODES DE CONSERVATION

Le cresson se conserve pendant 2 à 3 jours, recouvert d'un linge humine et placé dans le bac à légumes du réfrigérateur. Il est également possible de plonger ses tiges dans un verre d'eau, comme un bouquet.

PRÉPARER LE CRESSON

Servi cru ou cuit, avant de le préparer, lavez soigneusement le cresson, puis égouttez-le bien. Si vous voulez le servir cuit, faites revenir ses feuilles dans une sauteuse avec une noix de beurre, comme des pousses d'épinards.

CUISINER ET MARIER CE LÉGUME

Poivré, piquant ou encore amer, le cresson est largement apprécié en salade. Il s'associe très bien à l'endive, l'oignon, l'échalote ou encore au céleri. Il accompagne délicatement les différents fromages et le fromage de chèvre en particulier. Il se marie aussi parfaitement aux viandes et aux poissons.

Cuit, le cresson est idéal dans des soupes, des veloutés, associé à des pommes de terre et de la crème fraîche. Vous pouvez le hacher et vous en servir comme condiment pour relever certains plats.

LES MEILLEURS MOIS POUR LE CONSOMMER

Les meilleurs mois pour consommer le cresson s'étendent du mois d'avril au mois de septembre.

SALADE DE CRESSON

Pour 4 personnes
30 min de préparation
10 min de cuisson

1 grosse botte de cresson
1 gousse d'ail
1 jaune d'œuf
1 cuil. à soupe de crème
1 cuil. à soupe d'huile d'olive
1 cuil. à soupe de vinaigre
150 g de lard fumé
Sel, poivre

1. Débarrassez le cresson de ses tiges les plus dures et lavez-le. Épluchez et écrasez l'ail. Mélangez le jaune d'œuf, l'ail écrasé, la crème, l'huile et le vinaigre. Salez et poivrez. Dans un plat, versez la sauce sur le cresson.
2. Coupez le lard fumé en petit dés, puis ébouillantez-le 2 min. Faites-le ensuite revenir dans une poêle à feu doux, lorsque le lard est bien grillé, incorporez-le à la salade de cresson. Mélangez et servez aussitôt.

LES VERTUS DU CRESSON

Le cresson possède des fibres douces facilitant l'élimination des toxines. C'est aussi un des premiers légumes frais à contenir autant de calcium, ce qui lui permet de renforcer le métabolisme osseux. Ce dernier participe également à la prévention de l'hypertension, au même titre que le magnésium, aussi présent. Par ailleurs, le cresson renferme de hautes teneurs en vitamines à commencer par la vitamine C et la vitamine A.

CRESSON

CONSERVATION

2-3 J

VALEUR ÉNERGÉTIQUE

16 KCAL / 100 G

CONSOMMATION

AVRIL
SEPT.

SOUPE DE CRESSON, CRÈME DE RAIFORT

Pour 6 personnes
15 min de préparation
25 min de cuisson

300 g de pommes de terre
2 bottes de cresson
30 g de beurre
2 cubes de bouillon de volaille bio + 1 l d'eau
Sel et poivre

La crème au raifort
15 cl de crème fleurette bien froide
2 cuil. à café de raifort blanc
1 pincée de sel
1 tour de moulin à poivre

Matériel
Batteur
Blender

POUR CE SOIR

1. Commencez par préparer la crème au raifort. Montez la crème fleurette bien froide en chantilly, incorporez délicatement le raifort à la fin avec le sel et le poivre. Placez au frais.
2. Épluchez et lavez les pommes de terre. Coupez-les en dés. Lavez les feuilles de cresson ; dans une cocotte, faites-les revenir à feu doux dans le beurre. Ajoutez les pommes de terre et versez le bouillon de volaille. Portez à ébullition, puis laissez cuire pendant 25 min à feu doux sans couvrir.
3. Égouttez grossièrement en conservant le bouillon de cuisson. Mixez finement et versez progressivement le bouillon pour ajuster au mieux l'onctuosité de la soupe.
4. Servez chaud avec une quenelle de crème montée au raifort.

VARIANTE
Vous pouvez remplacer le raifort par du wasabi (raifort japonais).

« Pour conserver le cresson plongez ses tiges dans un verre d'eau comme un bouquet. »

6

L'OIGNON, DU NOM SCIENTIFIQUE *ALLIUM CEPA* EST UNE PLANTE HERBACÉE BISANNUELLE DE LA FAMILLE DES AMARYLLIDACEAE. PROVENANT SANS DOUTE D'UNE ESPÈCE SAUVAGE D'ASIE CENTRALE, CE BULBE SE COMPOSE DE FEUILLES S'ENVELOPPANT LES UNES DANS LES AUTRES, BLANCHES OU ROSES, CHARNUES, RECOUVERTES DE FINES PELURES. L'OIGNON EST LA PARTIE SOUTERRAINE DE LA PLANTE. C'EST À LA FOIS UN LÉGUME ET UN CONDIMENT PRÉCIEUX.

LES DIFFÉRENTES VARIÉTÉS

On sépare les variétés, différenciables par leur couleur, en deux groupes : les oignons primeurs, récoltés avant maturité, et les oignons secs, appelés aussi « de garde ».

Parmi les oignons blancs, ou primeurs, on peut citer :

- la « cébette » présentant un bulbe très réduit, cueillie avant que ses feuilles ne finissent de pousser et que le bulbe se mette à grossir en terre ;
- la « cèbe » cueillie en cours de tubérisation, présentant un bulbe un peu plus consistant, souvent de forme allongée.

Les oignons secs sont recouverts d'une mince enveloppe appelée « la tunique » et sont consommés mûrs : lorsque le feuillage a fané et que le bulbe a bien grossi en terre. Parmi eux, il est possible de distinguer :

- l'oignon jaune, destiné principalement à la cuisson, ayant comme principales variétés : le « Doré de Parme », l'« oignon doux des Cévennes », le « jaune doré de Mulhouse », le « jaune de Valence », les types « Rijnsburger » ;
- l'oignon rouge consommé davantage cru et dégageant une saveur légèrement sucrée dont le « Rouge de Brunswick » et le « Rosé de Roscoff ».

BIEN CHOISIR LES OIGNONS

Les petits oignons blancs devront être choisis blancs, brillants et avec des feuilles encore vertes, un gage de fraîcheur.

Sélectionnez des oignons de garde très fermes, d'une belle couleur, sans tache et surtout n'ayant pas commencé à germer.

LES MODES DE CONSERVATION

Les petits oignons blancs ne se conservent que quelques jours dans le bac à légumes du réfrigérateur.

Concernant les autres variétés d'oignons, il est préférable de les conserver dans un endroit sec et à l'abri de la lumière, sous peine de les voir germer ou moisir. Ils peuvent être gardés ainsi une dizaine de jours.

PRÉPARER LES OIGNONS

Commencez par ôter les feuilles des petits oignons blancs, puis leurs racines et passez-les sous l'eau. Vous pouvez ensuite les détailler en fines tranches. Les tiges sont également consommables, coupées en petites rondelles.

Pour éplucher les oignons secs et éviter de pleurer, il est vivement conseillé de les placer sous le robinet, dans une bassine d'eau ou encore de les mettre au congélateur pendant 10 minutes. Pour hacher un oignon, coupez-le en deux, puis détaillez chaque moitié en fines lamelles.

CUISINER ET MARIER CE LÉGUME

Les oignons doivent être choisis en fonction de leur utilisation :

- les petits oignons blancs se mangent crus et se marient parfaitement à l'avocat, aux sardines à l'huile ou encore aux salades de tomates fraîches.
- les oignons jaunes sont très appréciés pour les soupes, les tartes ou encore les purées. Ils peuvent également être farcis et accompagnent subtilement les viandes et les légumes.
- les oignons rouges se mangent surtout crus, car cuits ils sont plus fades que les autres. Ils sont davantage servis en salade.

LES MEILLEURS MOIS POUR LE CONSOMMER

En fonction des variétés, il est possible de trouver des oignons tout au long de l'année, mais les mois de septembre, d'octobre et de novembre sont leurs mois de prédilection.

LES VERTUS DE L'OIGNON

L'oignon consommé en petite quantité présente de nombreux atouts nutritionnels. Source de vitamine C, de minéraux et d'oligoéléments, il reste très faible en calories. Il est également apprécié pour son action diurétique, hypoglycémiante, bactériostatique et enfin son action positive sur le système cardio-vasculaire.

OIGNON

CONSERVATION
10 J

VALEUR ÉNERGÉTIQUE
40 KCAL / 100 G

CONSOMMATION
SEPT.
NOV.

SOUPE À L'OIGNON

Pour 4 personnes
15 min de préparation
18 min de cuisson

500 g d'oignons
1 noix de beurre
20 g de farine
1 cube de bouillon
40 g de fromage râpé
Sel, poivre du moulin

Matériel
4 bols allant au four

1. Épluchez et émincez finement les oignons. Dans une cocotte, faites fondre le beurre. Ajoutez les oignons émincés et laissez-les légèrement brunir. Lorsqu'ils deviennent translucides, saupoudrez-les de farine et remuez.
2. Versez 75 cl d'eau dans la cocotte et ajoutez le cube de bouillon. Laissez cuire pendant 15 min en remuant de temps en temps. Assaisonnez.
3. Préchauffez le gril du four. Versez la soupe dans les bols et saupoudrez-la de fromage râpé. Faites gratiner sous le gril du four pendant quelques minutes. Servez la soupe à l'oignon accompagnée de croûtons de pain.

TARTE À L'OIGNON

1. Étalez la pâte brisée à l'aide d'un rouleau à pâtisserie et déposez-la dans le moule à tarte préalablement beurré et fariné. Piquez la pâte avec une fourchette.
2. Épluchez et coupez les oignons en fines lamelles. Dans une poêle à petit feu, faites revenir les oignons avec 1 noix de beurre. Ils ne doivent pas colorer. Lorsqu'ils sont translucides, saupoudrez-les de farine et remuez quelques instants. Ôtez du feu.
3. Dans un saladier, fouettez les œufs et la crème. Salez, poivrez et ajoutez de la noix muscade râpée. Versez les oignons dans le saladier et transvasez la préparation sur le fond de tarte.
4. Enfournez la tarte à l'oignon pour 30 min de cuisson, jusqu'à ce qu'elle soit bien dorée. Servez la tarte chaude et accompagnez-la d'une salade verte par exemple.

Pour 6 personnes
25 min de préparation
30 min de cuisson

1 pâte brisée
800 g d'oignons
1 noix de beurre + pour le moule
1 cuil. à soupe de farine + pour le moule
3 œufs
20 cl de crème liquide
Noix muscade
Sel, poivre du moulin

Matériel
Moule à tarte

OPINEL
FRANCE

GRATIN D'OIGNONS DOUX AU PARMESAN

Pour 4 personnes
20 min de préparation
5 min de cuisson

500 g d'oignons doux des Cévennes
30 g de beurre demi-sel
30 g de parmesan râpé
2 pincées de fleur de sel
4 tours de poivre du moulin

Matériel
Plat à gratin

POUR CE SOIR

1. Préchauffez le four sur la position gril ou à 250 °C (th. 8-9). Épluchez les oignons et coupez-les en fines lamelles. Faites-les revenir dans une poêle à feu doux avec le beurre et la fleur de sel. Poursuivez la cuisson jusqu'à ce que les oignons soient translucides.
2. Disposez les oignons dans un plat à gratin. Ils doivent couvrir le fond du plat sur une couche peu épaisse. Poivrez-les, puis recouvrez-les du parmesan râpé. Faites dorer le gratin 5 min sous le gril du four ou à 250 °C (th. 8-9).

« Pour éviter de pleurer quand vous épluchez les oignons, vous pouvez le faire sous un filet d'eau. »

7

LA PATATE DOUCE, DONT LE NOM SCIENTIFIQUE EST *IPOMOEA BATATAS*, EST UN TUBERCULE DE LA FAMILLE DES CONVOLVULACÉES. ELLE EST DE FORME PLUS OU MOINS ALLONGÉE ET SA PEAU FINE VARIE DU BLANC AU JAUNE, DE L'ORANGE AU VIOLET. SON ORIGINE EXACTE EST DIFFICILE À DÉFINIR, MAIS D'APRÈS CERTAINES FOUILLES ARCHÉOLOGIQUES, ELLE PROVIENDRAIT D'AMÉRIQUE DU SUD. DE FAIT, LA PATATE DOUCE SE DÉVELOPPE SOUS DES CLIMATS CHAUDS.

LES DIFFÉRENTES VARIÉTÉS

Il existe plus de 500 variétés de patates douces, avec pour principale différence la couleur de leur chair : blanche, jaune, rouge ou violacée. Parmi elles, il est possible de distinguer la « patate jaune de Malaga » la « patate grosse d'Afrique » et la « patate rouge d'Amérique ». Les patates douces, roses ou jaunes, sont généralement plus savoureuses que les blanches. Quant aux violettes, plus rares, elles présentent les mêmes marbrures que la pomme de terre vitelotte.

BIEN CHOISIR LES PATATES DOUCES

Choisissez les patates douces lourdes et fermes avec une peau de couleur vive, sans meurtrissures ni moisissures. Rondes ou biscornues, petites ou grandes, leur saveur ne dépend pas de leur forme. Cependant pour une cuisson complète au four, mieux vaut choisir des patates douces de petite taille et de dimensions similaires afin que la cuisson soit homogène.

LES MODES DE CONSERVATION

Les patates douces peuvent être conservées pendant plusieurs semaines dans un lieu frais, sec, aéré et à l'abri de la lumière. Laissées à température ambiante, elles doivent être consommées rapidement dans la semaine. Attention, les patates douces ne doivent jamais être placées au réfrigérateur : cela accélère la transformation du sucre en amidon et gâche leur goût sucré.

PRÉPARER LES PATATES DOUCES

Les patates douces se consomment toujours cuites mais il n'est pas toujours nécessaire de les peler, leur peau étant très fine. Par contre, brossez-les toujours avant de les cuisiner, puis lavez-les. Vous pouvez ensuite les découper en tranches, en cubes, en dés ou en frites. Si vous choisissez de les faire cuire au four, ne les pelez pas.

CUISINER ET MARIER CE LÉGUME

Les patates douces peuvent être cuites au four, à l'eau, à la vapeur, en friture, poêlées, braisées, à l'étouffée, sautées, au gril ou encore au barbecue... Cuisinées à l'antillaise, elles sont cuites dans du lait de coco et servies accompagnées d'épices.

Les patates douces accompagnent subtilement les viandes et les poissons sous forme de gratin, de purée, de soufflé ou encore de potage. Elles remplacent facilement la pomme de terre mais se cuisinent de manière beaucoup plus diverses. En effet elles peuvent se cuisiner sous forme de poudings, de biscuits, de glaces, de crêpes, de gâteaux, ou encore de marmelades.

Les feuilles de patate douce, surtout jeunes, sont également comestibles et se préparent de la même façon que des épinards.

LES MEILLEURS MOIS POUR LE CONSOMMER

La récolte des tubercules a lieu durant l'automne, mais leurs feuilles peuvent être cueillies tout au long de l'été, celles situées aux extrémités des tiges sont à privilégier.

LES VERTUS DE LA PATATE DOUCE

La patate douce est un aliment riche en amidon. Sa peau contient aussi des molécules d'anthocyanines jouant un rôle antioxydant et permettant de lutter contre les défaillances du vieillissement. Ce légume renferme également de nombreux nutriments tels que du manganèse, du cuivre, des vitamines B6, B2 et C. Enfin, pour une patate douce consommée, 100 % des apports journaliers recommandés en vitamine A sont couverts !

PATATE DOUCE

CONSERVATION

7 J

VALEUR ÉNERGÉTIQUE

86 KCAL / 100 G

CONSOMMATION

SEPT.
OCT.

CROQUETTES DE PATATES DOUCES

Pour 4 personnes
20 min de préparation
40 min de cuisson

1 kg de patates douces
1 oignon
1 botte de ciboulette
1 œuf
10 cl d'huile d'arachide
Sel, poivre

Matériel
Presse-purée (facultatif)
Écumoire

VÉGÉTARIEN

1. Épluchez les patates douces, rincez-les et épongez-les. Coupez-les en gros cubes puis faites-les cuire dans une casserole d'eau bouillante pendant 30 min.
2. Pendant ce temps, épluchez l'oignon et hachez-le très finement à l'aide d'un couteau. Nettoyez la ciboulette sous l'eau fraîche, égouttez-la bien sur du papier absorbant puis ciselez-la.
3. Lorsque les patates douces sont cuites (vérifiez la cuisson en plongeant la lame d'un couteau dans l'un des cubes de patate douce, elle doit s'enfoncer facilement), égouttez-les puis remettez-les dans la casserole ou dans un saladier.
4. Écrasez les cubes de patates douces en purée à l'aide d'une fourchette ou d'un presse-purée, puis ajoutez l'œuf entier, l'oignon et la ciboulette. Salez, poivrez et mélangez bien à l'aide d'une fourchette.
5. Formez des boulettes de la taille d'une grosse noix. Faites chauffer l'huile dans une grande poêle. Faites-y frire rapidement tes croquettes, sur feu assez vif. Au fur et à mesure qu'elles sont prêtes, déposez-les sur du papier absorbant, dans un plat allant au four, et conservez-les au chaud dans le four jusqu'au moment de servir.

VELOUTÉ DE COURGE, PATATES DOUCES, PANAIS

Pour 4 personnes
15 min de préparation
25 min de cuisson

½ courge butternut
2 petits panais
1 grosse patate douce
1 oignon
1 cube de bouillon de légumes + 1,5 l d'eau

Matériel
Mixeur

1. Lavez, épluchez et coupez en dés la courge, les panais et la patate douce. Pelez et émincez l'oignon.
2. Dans une casserole, faites revenir l'oignon avec un peu d'huile. Ajoutez ensuite les légumes. Versez l'eau avec le cube de bouillon, puis faites cuire 25 min.
3. Mixez et servez bien chaud.

CONSEIL
Si vous utilisez des produits bio, vous n'avez pas besoin d'éplucher la patate douce et les panais.

TIAN DE PATATES DOUCES ET PANAIS

Pour 6 personnes
15 min de préparation
1 h de cuisson

2 patates douces
3 panais
4 carottes
6 cuil. à soupe de miel de thym
3 branches de thym
6 cuil. à soupe d'eau
6 cuil. à soupe d'huile d'olive
Sel, poivre du moulin

Matériel
Mandoline (facultatif)
Plat à gratin

1. Préchauffez le four à 220 °C (th. 7). Lavez et épluchez les légumes, puis coupez-les en fines lamelles au couteau ou à la mandoline.
2. Dans un plat à gratin, disposez les rondelles de légumes à la verticale en les alternant. Répartissez le miel sur le tian, puis arrosez-le d'eau et d'huile d'olive. Salez, poivrez, effeuillez dessus les branches de thym.
3. Laissez cuire 1 h. À mi-cuisson, à l'aide d'une spatule en bois, aplatissez les légumes devenus plus tendres, de façon à ce qu'ils soient immergés dans le jus de cuisson.

SOUPE DE CAROTTES, PATATES DOUCES ET CACAHUÈTES

Pour 6 personnes
20 min de préparation
25 min de cuisson

800 g de carottes
1 grosse patate douce
1 oignon
2 cuil. à soupe d'huile d'olive
1 cube de bouillon de volaille bio
+ 80 cl d'eau
40 cl de lait de coco
Sel et poivre du moulin

Pour servir
100 g de cacahuètes grillées

Matériel
Blender

1. Pelez les carottes et la patate douce, coupez-les en tronçons. Épluchez l'oignon et émincez-le.
2. Dans une cocotte, faites revenir sans coloration l'oignon avec l'huile d'olive et 1 pincée de sel. Une fois qu'il est translucide, ajoutez les carottes et les patates douces, poursuivez la cuisson pendant 5 min en remuant régulièrement. Versez ensuite le bouillon et le lait de coco ; assaisonnez. Couvrez et portez à ébullition, puis laissez cuire pendant 25 min à feu doux, jusqu'à ce que les légumes soient tendres.
3. Égouttez les légumes en conservant le bouillon de cuisson. Mixez finement en versant au fur et à mesure le bouillon pour ajuster au mieux l'onctuosité de la soupe. Rectifiez l'assaisonnement si nécessaire.
4. Concassez les cacahuètes avec un couteau ou, pour aller plus vite, au mixeur, puis servez la soupe chaude accompagnée des cacahuètes grillées.

« Entre celui de la pomme de terre et celui de la châtaigne le goût de la patate douce offre des saveurs sucrées-salées. »

8

LA POMME DE TERRE, TUBERCULE COMESTIBLE DONT LE NOM SCIENTIFIQUE EST *SOLANUM TUBEROSUM*, APPARTIENT À LA FAMILLE DES SOLANACÉES. LE TERME DÉSIGNE ÉGALEMENT LA PLANTE ELLE-MÊME, CULTIVÉE COMME UNE PLANTE ANNUELLE. LA POMME DE TERRE EST ORIGINAIRE DE LA CORDILLÈRE DES ANDES OÙ SON UTILISATION REMONTE À ENVIRON 8 000 ANS.

LES DIFFÉRENTES VARIÉTÉS

4 000 variétés de pommes de terre sont identifiées dans le monde, parmi lesquelles une centaine sont présentes tout au long de l'année sur les étals. Entre les plus courantes et les plus appréciées, on peut distinguer la « Starlette », la « Roseval », la « Charlotte », l'« Amandine », la « Bintje » et la « Belle de Fontenay ». Chez les très petites espèces on peut également citer les « Grenailles » et les « Bonottes de Noirmoutier », délicieuses mais assez coûteuses.

Deux Labels Rouges existent : les pommes de terre de type « Bintje » et les pommes de terre « Belle de Fontenay ». Les pommes de terre primeurs cultivées sur l'île de Ré sont les seules à bénéficier d'une AOC.

BIEN CHOISIR LES POMMES DE TERRE

Les pommes de terre doivent être sélectionnées fermes, de couleur uniforme, sans meurtrissures et non germées. Il est aussi recommandé de les choisir du même gabarit pour que la cuisson soit homogène. Et vérifiez toujours quelle variété est la mieux adaptée au type de cuisson que vous envisagez :

- les pommes de terre à chair farineuse sont bonnes grillées, au four ou en purée. Bouillies, elles risqueraient de se déliter ;

- les pommes de terre à chair ferme se préparent en salade, sautées ou en gratin.

LES MODES DE CONSERVATION

Les pommes de terre primeurs se conservent une petite semaine dans le bac à légumes du réfrigérateur. Les autres pommes de terre se gardent dans un endroit frais, sombre et aéré. Cuites, elles se conservent à température ambiante, mais faites attention au contenant : l'humidité les fait pourrir.

Les pommes de terre se congèlent facilement. Lavez et épluchez les pommes de terre. Faites-les blanchir pendant 1 min dans de l'eau bouillante, puis détaillez-les en rondelles. Vous n'avez plus qu'à les répartir dans des sacs de congélation.

PRÉPARER LES POMMES DE TERRE

Les pommes de terre primeurs doivent être simplement lavées sous un filet d'eau, ou éventuellement grattées, mais il est inutile de les éplucher, leur peau étant souvent très fine. Pour les autres pommes de terre, étant donné que la chair noircit au contact de l'air, il est recommandé de les faire cuire juste après les avoir épluchées, ou alors de les conserver dans de l'eau froide en attendant l'étape de cuisson.

CUISINER ET MARIER CE LÉGUME

Les pommes de terre peuvent être cuisinées de multiples façons : entières, en galettes, en purées, sautées, en papillotes, frites... Elles sont mises à l'honneur dans de nombreux plats traditionnels comme le gratin dauphinois, le hachis Parmentier ou encore l'aligot. Souvent utilisées comme liant dans les soupes, elles peuvent être aussi très appréciées dans des salades, ou mariées à des légumes verts.

LES MEILLEURS MOIS POUR LES CONSOMMER

Les meilleurs mois pour consommer les pommes de terre s'étalent du mois de mai au mois d'octobre.

Elles sont qualifiées de « primeur » quand elles sont récoltées avant maturité, c'est-à-dire à la fin du mois de juillet, après quoi, on récolte les « nouvelles », puis celles de « conservation ».

BOULETTES DE POMME DE TERRE

Pour 4 personnes
20 min de préparation
20 min de cuisson

1 kg de pommes de terre
1 œuf
Un peu de farine
50 g de chapelure
3 cuil. à soupe d'huile de tournesol

1. Épluchez les pommes de terre et coupez-les en deux. Plongez-les dans une casserole d'eau, ajoutez du gros sel. Couvrez, portez à ébullition et laissez cuire 15 min. Égouttez les pommes de terre et écrasez-les.
2. Faites des boulettes de 3 cm de diamètre. Passez-les dans la farine, dans l'œuf battu et enfin dans la chapelure. Dans une poêle antiadhésive, faites chauffer l'huile et faites-y dorer les boulettes. Servez-les bien chaudes.

LES VERTUS DE LA POMME DE TERRE

La pomme de terre est un féculent, avant tout connu pour ses propriétés rassasiantes. Ce légume riche en glucides complexes, l'amidon, est également intéressant pour son apport en vitamine C. La pomme de terre fournit aussi une quantité de minéraux notable, surtout en magnésium et en fer, nécessaires aux systèmes nerveux et musculaire.

POMME DE TERRE

CONSERVATION
2-3 S

VALEUR ÉNERGÉTIQUE
80 KCAL / 100 G

CONSOMMATION
SEPT.
NOV.

GALETTES DE POMMES DE TERRE, CAROTTES ET PARMESAN

Pour 20 galettes
15 min de préparation
10 min de cuisson

350 g de pommes de terre déjà cuites sans la peau
1 carotte
1 œuf
1 gousse d'ail
50 g de parmesan
1 cuil. à soupe de persil
3 cuil. à soupe d'huile d'olive

Matériel
Presse-purée (facultatif)
Mixeur

POUR L'APÉRO

1. Dans un saladier, écrasez les pommes de terre en purée à l'aide d'un presse-purée ou d'une fourchette. Épluchez et mixez finement la carotte et ajoutez-la aux pommes de terre. Ajoutez l'œuf, la gousse d'ail épluchée et écrasée, le parmesan et le persil.
2. Formez des petites galettes et réservez-les dans une assiette.
3. Faites chauffer l'huile d'olive dans une poêle et faites cuire les galettes 5 min de chaque côté. Réservez sur du papier absorbant et servez chaud.

CONSEILS
La carotte peut être remplacée par un autre légume, comme la courgette. Vous pouvez façonner vos galettes quelques heures avant de les cuire.

MILLEFEUILLE DE POMMES DE TERRE AU COMTÉ

Pour 7 ou 8 personnes
30 min de préparation
1 h 15 de cuisson
24 h de réfrigération

1 gousse d'ail
800 g de pommes de terre à chair ferme
2 œufs
200 g de crème liquide
100 g de comté
4 pincées de noix muscade moulue
2 pincées de poivre de Cayenne moulu
Beurre
Sel

Matériel
Mandoline (facultatif)
Terrine rectangulaire de 1 kg (24 cm x 9 cm x 8 cm)
Grand plat à four
Papier d'aluminium

1. Épluchez et hachez la gousse d'ail. Pelez les pommes de terre. Dans un saladier, mélangez l'ail, les œufs, la crème, le comté finement râpé, la noix muscade et le poivre de Cayenne.
2. Tranchez les pommes de terre très finement (1 mm d'épaisseur). Utilisez pour cela une mandoline si vous en possédez une. Mélangez les pommes de terre tranchées avec la préparation précédente. Salez légèrement.
3. Beurrez généreusement la terrine. Préchauffez le four à 160 °C (th. 5-6). Remplissez la terrine avec le mélange de pommes de terre et d'appareil au comté. Recouvrez-la de papier d'aluminium beurré.
4. Posez la terrine dans un plat assez profond, remplissez-le d'eau très chaude et enfournez pour 1 h 15 de cuisson. Laissez refroidir la terrine et placez-la au réfrigérateur pendant 24 h si possible avant de la déguster. Démoulez-la délicatement et servez-la en tranches pas trop épaisses avec un peu de crème fraîche parfumée au raifort, à la moutarde à l'ancienne et à la ciboulette, par exemple. Vous pouvez également servir la terrine chaude.

CONSEIL
Pour cette recette, ne rincez pas les pommes de terre coupées car c'est l'amidon que contient leur jus qui permet à cette terrine de se tenir et de pouvoir être tranchée sans grande difficulté à l'aide d'un couteau bien affûté.

POMMES DE TERRE FARCIES

Pour 4 personnes
20 min de préparation
15 + 40 min de cuisson

2 oignons
2 gousses d'ail
1 échalote
Quelques brins de persil frais
1 œuf
500 g de viande hachée
8 grosses pommes de terre
10 cl d'huile d'olive
Sel, poivre du moulin

Matériel
Mixeur

1. Pelez les oignons, les gousses d'ail et l'échalote. Mixez les oignons, l'ail, l'échalote, le persil et l'œuf. Mélangez le tout à la viande hachée.
2. Épluchez les pommes de terre. Rincez-les sous l'eau froide. Égouttez-les. Coupez-les en deux et videz-les à l'aide d'une petite cuillère ou d'une cuillère parisienne. Réservez la chair des pommes de terre évidées.
3. Remplissez chaque moitié de pomme de terre de farce à la viande. Recomposez les pommes de terre en réunissant 2 demi-coques garnies.
4. Dans une cocotte en fonte, faites chauffer l'huile d'olive. Faites griller les pommes de terre à feu vif. Retournez-les pour qu'elles soient dorées des deux côtés. Comptez environ 15 min en tout.
5. Lorsque les pommes de terre sont bien grillées, baissez le feu et ajoutez la chair. Salez et poivrez. Faites cuire à feu doux pendant 40 min, en veillant bien à ce qu'elles n'attachent pas au fond de la cocotte.

GRATIN DAUPHINOIS

Pour 6 personnes
30 min de préparation
2 à 2 h 30 de cuisson

1 kg de pommes de terre à chair jaune (type Bintje)
1 gousse d'ail
20 cl de crème liquide entière
15 g de beurre
Noix muscade
Sel, poivre du moulin

1. Préchauffez le four à 150 °C (th. 5). Épluchez les pommes de terre, lavez-les et séchez-les soigneusement. Coupez-les en fines rondelles à l'aide d'un couteau ou d'une mandoline.
2. Frottez généreusement le plat à gratin avec la gousse d'ail coupée en deux. Disposez les rondelles de pommes de terre en couches successives, peu épaisses, que vous assaisonnerez de sel, poivre du moulin et d'un peu de noix muscade fraîchement râpée.
3. Versez par-dessus la crème liquide. Les pommes de terre doivent être couvertes à fleur, pas plus. Parsemez de quelques noisettes de beurre à la surface et enfournez à 150 °C (th. 5) pendant 2 à 2 h 30 selon votre four. La surface du gratin doit être bien dorée et légèrement desséchée.

GRATIN JURASSIEN AU MONT D'OR

Pour 6 personnes
25 min de préparation
25 min de cuisson

1 kg de pommes de terre à chair ferme
1 gousse d'ail
4 tranches de jambon séché du Jura
1 Mont d'Or
Poivre du moulin

Matériel
Plat à gratin

1. Préchauffez le four sur la position gril ou à 250 °C (th. 8-9). Épluchez et lavez les pommes de terre. Coupez-les en gros morceaux et faites-les cuire 15 min à la vapeur.
2. Frottez le plat à gratin avec la gousse d'ail coupée en deux. Disposez les morceaux de pommes de terre dans le plat, répartissez les tranches de jambon séché. Recouvrez de cuillèrées de Mont d'Or et poivrez.
3. Faites dorer le gratin sous le gril du four ou à défaut à 250 °C (th. 8-9) pendant 10 min.

GRATIN DE POMMES DE TERRE AU CAMEMBERT

Pour 6 personnes
40 min de préparation
1 h 40 de cuisson

1 kg de pommes de terre à chair ferme
1,5 l de lait
Noix muscade
15 cl de crème liquide
½ camembert au lait cru
1 cuil. à soupe de graines de carvi
10 g de beurre
Sel, poivre du moulin

Matériel
Plat à gratin

1. Préchauffez le four à 160 °C (th. 5-6). Épluchez les pommes de terre et rincez-les brièvement sous l'eau. Coupez-les ensuite en tranches très fines à l'aide d'une mandoline ou d'un couteau.
2. Placez les rondelles de pommes de terre dans une grande casserole et recouvrez-les de lait. Placez la casserole sur le feu et comptez 10 min de cuisson à feu moyen. Égouttez les pommes de terre sans les rincer.
3. Dans le plat à gratin beurré, disposez les rondelles de pommes de terre. Entre chaque couche, salez, poivrez et râpez un peu de noix muscade. Versez la crème liquide sur les pommes de terre et faites cuire 1 h 30 à 160 °C (th. 5-6).
4. Coupez des tranches de camembert et, 15 min avant la fin de la cuisson, disposez-les sur le dessus du gratin. Saupoudrez de graines de carvi et poursuivez la cuisson jusqu'à ce que le gratin soit onctueux et doré.

« Trois recettes de gratins pour accommoder différemment la pomme de terre et varier les plaisirs. »

9

LE RUTABAGA, DONT LE NOM SCIENTIFIQUE EST *BRASSICA NAPUS*, EST AUSSI APPELÉ CHOU-NAVET, CHOU DE SIAM OU ENCORE CHOUX SUÉDOIS. APPARTENANT À LA FAMILLE DES BRASSICACÉES, IL EST ORIGINAIRE DE SCANDINAVIE : SON NOM VIENT DU SUÉDOIS « ROTABAGGE ». C'EST UN LÉGUME RACINE COMESTIBLE ISSU DE L'HYBRIDATION D'UN NAVET ET D'UN CHOU FRISÉ. SA FORME EST DIFFÉRENTE DE CELLE DU NAVET CAR PLUS ALLONGÉE, AVEC UN RENFLEMENT SUR SA PARTIE SUPÉRIEURE. IL EST DE COULEUR EXTÉRIEURE JAUNE-VERT ET SA CHAIR EST JAUNÂTRE.

LES DIFFÉRENTES VARIÉTÉS

Il existe plusieurs variétés de rutabaga qui se distinguent par la couleur externe de la racine :

- le « Blanc d'Aubigny » à collet vert ou rouge ;
- le rutabaga à collet vert ;
- le « Champion jaune » à collet rouge, principalement cultivée pour l'alimentation du bétail.

BIEN CHOISIR LE RUTABAGA

Le rutabaga doit être choisi ferme, lourd, sans tache et légèrement violet au sommet. Prenez-le de taille moyenne : trop gros, il risque d'être dur et fibreux ; trop léger, il risque d'être creux.

LES MODES DE CONSERVATION

Le rutabaga étant un légume racine, donc gardez-le à l'abri de la lumière. Placé dans un endroit très frais et sec tel qu'une cave, il peut se conserver pendant presque 2 mois. Par contre, il ne se conservera que pendant 10 jours dans le bac à légumes du réfrigérateur.

Après avoir été blanchi pendant 2 min, ou cuit, puis réduit en purée, ce légume peut facilement se congeler.

Les feuilles du rutabaga fraîchement coupées se conservent pendant 2 à 3 jours au réfrigérateur.

PRÉPARER LE RUTABAGA

Le rutabaga se prépare comme un navet : après l'avoir gratté, épluchez-le, puis retirez le cœur s'il est brun. Coupez-le en morceaux pas trop épais, puis faites-le bouillir dans de l'eau légèrement salée jusqu'à ce qu'il soit tendre.

Il est important de noter que, malgré leurs similitudes, le rutabaga nécessite deux fois plus de temps de cuisson que le navet.

CUISINER ET MARIER CE LÉGUME

Le rutabaga peut se cuisiner cru comme cuit ; en purée, en gratin, en potage ou en ragoût. Les recettes les plus typiques mettant à l'honneur ce légume sont le pot-au-feu ainsi que le couscous, plats dans lesquels toute sa saveur se révèle. Le rutabaga se marie également très subtilement aux œufs, ainsi qu'aux épices telles que la cannelle et la muscade. De façon plus originale et surprenante ce légume peut merveilleusement accompagner la truffe.

Pour un plat sucré-salé, le rutabaga est très apprécié en frites légèrement caramélisées.

LES MEILLEURS MOIS POUR LE CONSOMMER

Le rutabaga se consomme du mois d'octobre au mois de novembre.

LES VERTUS DU RUTABAGA

Le rutabaga est riche en minéraux tels que le potassium, le calcium ou le phosphore. Une fois cuit, il est également très bien pourvu en magnésium. Son important taux de glucides renferme de nombreuses fibres alimentaires assurant un bon transit intestinal. Le rutabaga est apprécié pour ses vertus diurétiques, laxatives et digestives. Ce n'est pas un aliment énergétique : les lipides et les protides sont peu présents dans sa composition.

RUTABAGA

CONSERVATION
10 J

VALEUR ÉNERGÉTIQUE
36 KCAL / 100 G

CONSOMMATION
OCT.
NOV.

SOUPE DE RUTABAGAS ET CROÛTONS DE POLENTA

Pour 4 à 6 personnes
25 min de préparation
30 min de repos
30 min de cuisson

Pour la soupe
600 g de rutabagas
200 g de pommes de terre
2 oignons
2 cubes de bouillon de volaille bio + 1,5 l d'eau
25 cl de crème fraiche
3 cuil. à soupe d'huile d'olive
Sel et poivre du moulin

Pour la polenta
8 pétales de tomates confites
38 cl de lait
75 g de polenta précuite
Huile d'olive
Sel et poivre

Matériel
Moule rectangulaire
Film alimentaire
Blender

POUR CE SOIR

1. Préparez la polenta : concassez les pétales de tomates. Faites chauffer le lait dans une casserole ; salez et poivrez. Dès la première ébullition, versez en pluie la polenta précuite et remuez pendant 3 min. Ajoutez les tomates concassées et mélangez bien. Tapissez le fond du moule de film alimentaire, puis versez la polenta sur une épaisseur d'environ 1,5 cm, lissez bien le dessus. Laissez refroidir environ 30 min.
2. Une fois que la polenta a durci, coupez-la en dés d'environ 1,5 cm. Faites-les dorer sur toutes les faces dans une poêle chaude avec de l'huile d'olive, puis mettez de côté.
3. Préparez la soupe : faites précuire les rutabagas 15 min dans une casserole d'eau bouillante salée, puis rafraîchissez-les sous l'eau froide. Pelez les pommes de terre et coupez-les en petits dés. Pelez et émincez les oignons.
4. Dans une cocotte, faites suer les oignons dans l'huile d'olive avec 1 pincée de sel. Une fois qu'ils sont translucides, ajoutez les rutabagas et les pommes de terre. Versez le bouillon de volaille, portez à ébullition et faites mijoter pendant 15 min. Salez et poivrez. Égouttez, en conservant le bouillon de cuisson, puis mixez finement les légumes avec la crème fraîche ; ajustez l'onctuosité en versant au fur et à mesure le bouillon. Rectifiez l'assaisonnement si nécessaire.
5. Servez la soupe chaude accompagnée des croutons de polenta.

TIAN DE POMMES DE TERRE, RUTABAGAS ET PANCETTA

Pour 6 personnes
20 min de préparation
1 h 15 de cuisson

6 pommes de terre moyennes
5 petits rutabagas
10 tranches de pancetta
20 cl d'eau
1 filet d'huile d'olive
Sel, poivre du moulin

Matériel
Plat à gratin

1. Préchauffez le four à 160 °C (th. 5-6). Lavez et épluchez les pommes de terre et les rutabagas. À l'aide d'une mandoline ou d'un couteau, coupez-les en très fines lamelles.
2. Dans le plat à gratin, disposez, à la verticale et en les alternant, les pommes de terre et les rutabagas. Intercalez régulièrement les tranches de pancetta.
3. Versez l'eau sur le tian, arrosez de 1 filet d'huile d'olive, salez et poivrez. Faites confire les légumes pendant 1 h 15 à 160 °C (th. 5-6).

TIAN CRU DE POMMES AUX RUTABAGAS

1. Lavez et épluchez les rutabagas. Lavez les pommes. Coupez les pommes et les rutabagas en tranches fines à l'aide d'un couteau ou d'une mandoline. Disposez en les alternant les pommes et les rutabagas dans le plat à hauts rebords.
2. Préparez la vinaigrette : dans un bol, mélangez l'huile d'olive avec le jus de citron, le miel et le mélange d'épices. Salez, poivrez.
3. Versez la vinaigrette sur le tian cru et laissez reposer 15 min à température ambiante avant de déguster.

Pour 4 personnes
20 min de préparation
15 min de repos

2 rutabagas
2 pommes

La vinaigrette
10 cl d'huile d'olive
Le jus de 1 citron non traité
3 cuil. à soupe de miel
1 cuil. à café de mélange d'épices pour pain d'épice
Sel, poivre du moulin

Matériel
Mandoline (facultatif)

10 **LA CHÂTAIGNE, DONT LE NOM SCIENTIFIQUE EST *CASTANEA SATIVA*, EST LE FRUIT DU CHÂTAIGNIER, APPARTENANT À LA FAMILLE DES FAGACÉES. ORIGINAIRE D'ASIE MINEURE, LE FRUIT EST CONTENU DANS UNE CAPSULE ÉPINEUSE DE COULEUR VERTE QUI VIRE AU BRUN ARRIVÉE À MATURITÉ. CE BOGUE PEUT CONTENIR DEUX À TROIS FRUITS ARRONDIS, DE COULEUR MARRON ET LÉGÈREMENT APLATIS. SA CHAIR DE COULEUR BLANC-BEIGE EST LÉGÈREMENT FARINEUSE.**

LES DIFFÉRENTES VARIÉTÉS

Les châtaignes obtenues par greffage et ne contenant qu'une seule amande sont couramment appelées « marrons » ; mais attention à ne pas les confondre avec le marron d'inde issu du marronnier dont le fruit est toxique.

Parmi les différentes variétés de châtaignes, il est possible de distinguer :

- les variétés hybrides, issues de croisements génétiques telles que la « Bouche de Bétizac », la « Marigoule », la « Bournette » ou la « Précoce Migoule » donnant de gros et beaux fruits, mais réputées moins savoureuses ;

- les variétés traditionnelles comme la « Comballe », la « Bouche rouge », la « Sardonne », la « Figarette », la « Pellegrine », la « Précoce des Vans », la « Pourette », la « Merle », la « Bouche de Clos », l'« Aguyane » ou le « Marron de Chevanceaux », donnant de moins gros fruits mais au goût parfois plus relevé.

BIEN CHOISIR LES CHÂTAIGNES

Les châtaignes devront être choisies fermes, brillantes, généreuses et lourdes. Attention, les fruits dont la coque présente des trous sont à éviter car ils risquent de contenir des vers.

LES MODES DE CONSERVATION

Les châtaignes se conservent dans le bac à légumes du réfrigérateur pendant quelques jours, au-delà elles risquent de moisir. Entreposées par couches dans du sable horticole, elles peuvent être conservées pendant plusieurs mois.

Une fois cuites et épluchées, ou une fois la coque incisée, elles se conservent parfaitement au congélateur. Elles pourront ensuite être grillées, sans même être décongelées préalablement.

PRÉPARER LES CHÂTAIGNES

En fonction du mode de cuisson, il est recommandé de décortiquer les châtaignes ou non.

Pour les décortiquer, il suffit d'inciser leur peau dure à l'aide d'un couteau d'office, de les plonger dans une casserole d'eau bouillante pendant quelques minutes puis, à chaud, d'ôter leurs deux peaux. Elles peuvent être cuites dans de l'eau bouillante, au four ou encore être grillée à la poêle.

CUISINER ET MARIER CE FRUIT

Grillées, les châtaignes accompagnent savoureusement les salades, les champignons, le jambon cru. Cuites au four, elles se marient parfaitement avec les différentes viandes à rôtir comme le veau, le porc et la dinde, mais également le gibier et les poissons. Réduites en purée, mélangées à un peu de crème fraîche, elles constituent aussi de délicieux veloutés.

Les châtaignes sont également très appréciées en desserts : mousses, charlottes, etc. On y ajoute souvent du Grand-Marnier, réputé pour révéler toute leur saveur. Enfin, pour les plus gourmands, il est également possible de les transformer en confiture ou encore en marron glacés !

LES MEILLEURS MOIS POUR LE CONSOMMER

Les châtaignes sont disponibles sur le marché du mois de septembre jusqu'au mois de février, mais leurs meilleurs mois sont ceux d'octobre et de novembre.

LES VERTUS DE LA CHÂTAIGNE

La châtaigne fait partie des fruits les plus énergétiques. Elle détient de véritables vertus rassasiantes et la plupart des lipides qu'elle contient sont des acides gras insaturés qui chassent en partie le mauvais cholestérol. Elle est aussi très réputée pour sa teneur en potassium, en magnésium et en fer, indispensables au bon fonctionnement musculaire.

CHÂTAIGNE

CONSERVATION	VALEUR ÉNERGÉTIQUE	CONSOMMATION
6-7 J	180 KCAL / 100 G	OCT. NOV.

SOUPE DE CHÂTAIGNES ET MAGRET FUMÉ

Pour 4 à 6 personnes
20 min de préparation
30 min de cuisson

100 g de châtaignes prêtes à cuisiner en bocal
30 tranches de magret de canard fumé

Pour le velouté
2 échalotes
30 g de beurre
500 g de châtaignes prêtes à cuisiner en bocal
1 cube de bouillon de volaille bio + 80 cl d'eau
20 cl de crème liquide
Sel et poivre du moulin

Matériel
Mixeur

POUR CE SOIR

1. Épluchez et émincez les échalotes. Dans une cocotte, faites fondre le beurre et ajoutez les échalotes et 1 pincée de sel. Une fois qu'elles deviennent translucides, ajoutez les châtaignes, puis versez le bouillon et la crème. Assaisonnez. Couvrez et portez à ébullition, puis laissez cuire à feu doux pendant 15 min.
2. Concassez avec un couteau les 100 g de châtaignes et dégraissez les tranches de magret fumé. Réservez.
3. Égouttez grossièrement les châtaignes aux échalotes, en conservant le bouillon. Mixez-les finement en versant au fur et à mesure le bouillon pour ajuster au mieux l'onctuosité ; rectifiez l'assaisonnement.
4. Déposez dans le fond des assiettes creuses un peu de châtaignes concassées, puis recouvrez avec les tranches de magret en formant un dôme et versez tout autour le velouté.

CHÂTAIGNES AU SIROP DE VANILLE

Pour 1 bocal de 1,5 l
50 min de préparation
50 min de cuisson
1 mois de repos avant dégustation
1 an de conservation

1 kg de châtaignes
1 l d'eau
400 g de sucre roux
1 gousse de vanille

Matériel
Cocotte-minute
Bocal

1. Préparez les châtaignes : nettoyez à grande eau et incisez-les à l'aide de la pointe d'un couteau. Faites-les cuire 10 min dans une cocotte-minute. Laissez-les refroidir avant de les décortiquer et de les éplucher.
2. Plongez le bocal vide dans une grande casserole d'eau bouillante pendant 5 min. Égouttez-le puis séchez-le.
3. Dans une casserole, versez 1 l d'eau, le sucre et la gousse de vanille coupée en deux dans le sens de la longueur et grattée à l'aide d'une pointe de couteau. Laissez cuire le mélange 30 min à feu doux jusqu'à ce qu'il soit bien sirupeux. Plongez les châtaignes décortiquées dans le sirop et poursuivez la cuisson à feu doux pendant 10 min.
4. Versez le sirop bouillant et les châtaignes jusqu'à 2 cm du bord. Fermez le bocal.
5. Procédez immédiatement à la stérilisation, 45 min à 100 °C.

CONSEIL
Laissez les châtaignes macérer dans le sirop épicé pendant 1 mois minimum avant de les consommer.

GRATIN DE CHÂTAIGNES AUX ÉPICES

1. Préchauffez le four à 180 °C (th. 6). Égouttez les châtaignes. Disposez-les dans le plat à gratin.
2. Coupez la gousse de vanille en deux et grattez les graines à l'aide d'une pointe de couteau. Dans un bol, mélangez les 2 laits avec le sucre vanillé et les graines de vanille.
3. Versez le mélange de laits vanillés sur les châtaignes et faites cuire le gratin 30 min à 180°C (th. 6).

Pour 4 personnes
15 min de préparation
30 min de cuisson

500 g de châtaignes cuites
1 gousse de vanille
10 cl de lait de coco
15 cl de lait
1 sachet de sucre vanillé

Matériel
Plat à gratin

11

LE COING, DE SON NOM SCIENTIFIQUE *CYDONIA VULGARIS*, EST LE FRUIT DU COGNASSIER, UN PETIT ARBRE DE LA FAMILLE DES ROSACÉES, COMME LE POMMIER OU LE POIRIER. ORIGINAIRE D'IRAN, IL EST CULTIVÉ DEPUIS DES MILLIERS D'ANNÉES ET A ÉTÉ PARTICULIÈREMENT APPRÉCIÉ PAR LES GRECS, LES PERSES ET LES ROMAINS. CE GROS FRUIT JAUNE ET DUVETEUX À PÉPINS, EST RÉPUTÉ POUR SON GOÛT ET SON PARFUM DÉLICAT. EN FONCTION DE LA VARIÉTÉ, SA FORME PEUT ÊTRE PLUTÔT RONDE OU ALLONGÉE, DE LA TAILLE D'UNE GROSSE POMME OU POIRE.

LES DIFFÉRENTES VARIÉTÉS

Très peu transformées, les quelques variétés qu'il est possible de consommer aujourd'hui sont presque les mêmes que celles cultivées par le passé. Parmi elles, se distinguent :

- le coing « Champion » présentant des fruits piriformes de calibre moyen, à la chair légèrement jaune, tendre et juteuse, bien parfumée et au goût fin, idéal pour accompagner une viande ;

- le coing « Monstrueux de Vranja » allongé et ventru, pouvant atteindre parfois de très grosses tailles et à la chair ferme et délicatement parfumée ;

- le « coing du Portugal », doré et très duveteux, à la chair cassante, jaune et très parfumée, parfait pour la préparation de gelées et de liqueurs.

BIEN CHOISIR LE COING

Le coing doit être cueilli à point, car après il ne mûrit plus ! Sa couleur doit être d'un jaune soutenu et son parfum délicat. Frottez le fruit : le duvet qui le recouvre doit se décoller facilement. Choisissez des fruits sans tache, ni meurtrissures.

LES MODES DE CONSERVATION

Les coings peuvent se conserver 2 à 3 semaines dans un endroit frais, sec et aéré.

Une fois transformés en compotes, gelées, pâtes de coings ou en liqueurs, ils se conservent bien davantage dans des contenants hermétiques.

PRÉPARER LE COING

Le coing est un des rares fruits se mangeant toujours cuit. En effet, sa chair étant très ferme, sèche et cassante, elle ne devient vraiment tendre et savoureuse qu'à la cuisson. Il est d'usage de le peler car sa peau peut être épaisse, mais vous pouvez simplement le frotter avec un linge pour ôter le duvet qui le recouvre. Coupez-le en quartiers, puis retirez les pépins, le cœur et toutes les parties dures en son centre. Afin d'éviter l'oxydation de la chair, préparez-le juste avant de le faire cuire ou alors arrosez-le d'un filet de jus de citron.

CUISINER ET MARIER CE FRUIT

Le coing est communément utilisé pour préparer des confitures, des marmelades, des gelées, des compotes, de la pâte de coing, des confiseries, ou de la liqueur. Il se marie très bien aux autres fruits comme la pomme, la poire ou la banane.

Pour les amateurs de plat sucré-salé, cuit au four, il peut accompagner très délicatement tous les types de volaille en tajine, en ragoût ou même farci. Le coing est aussi très apprécié avec le gibier, l'agneau et le canard. Relevé d'épices comme la cannelle ou la badiane, il peut dévoiler toute sa saveur.

La pâte de coings accompagne parfaitement les fromages de brebis au lait cru typiquement basques, comme le Roncal, l'Ossau-iraty ou l'Idiazabal ainsi que certains fromages espagnols. Cette friandise est aussi appréciée car elle atténue le goût en bouche d'un premier fromage et permet de mieux apprécier le suivant.

LES MEILLEURS MOIS POUR LE CONSOMMER

La principale saison pour consommer le coing s'étend du mois d'octobre au mois de décembre.

LES VERTUS DU COING

Peu calorique, le coing est connu pour ses vertus astringentes, toniques et laxatives. Il est particulièrement bien pourvu en fibres et essentiellement en pectines. Ces dernières lui permettent de réguler le transit intestinal et sont reconnues pour être antidiarrhéiques.

COING

CONSERVATION	VALEUR ÉNERGÉTIQUE	CONSOMMATION
2-3 S	57 KCAL / 100 G	OCT. DÉC.

COMPOTE DE POIRES AU COING

Pour 1 bocal de 0,5 l
15 min de préparation
25 min de cuisson
1 an de conservation

4 à 5 poires
1 coing
2 cuil. à soupe de sucre roux
1 citron non traité (le jus)

Matériel
Bocal

1. Lavez et épluchez les poires et le coing. Coupez-les en gros morceaux d'environ 3 cm de côté.
2. Placez les fruits en morceaux, le sucre et le jus du citron dans une grande casserole et faites cuire 25 min à feu moyen. Remuez de temps en temps à l'aide d'une cuillère en bois pour éviter que la compote n'accroche.
3. Mettez en bocaux et procédez immédiatement à la stérilisation pendant 40 min à 100 °C.

CONSEIL
Dégustez cette compote tiède ou froide.

CHUTNEY DE COINGS

Pour 2 pots
15 min de préparation
45 min de cuisson

1 gousse d'ail
2 cm de gingembre frais
4 coings bien mûrs
25 g de beurre
2 cuil. à soupe d'huile végétale
150 g de cassonade
10 cl de vinaigre de cidre
1 cuil. à café de *garam masala* (mélange d'épices indien)
2 cuil. à soupe de raisins secs
Sel, poivre du moulin

Matériel
2 grands pots à confiture stérilisés

1. Épluchez, puis hachez l'ail et le gingembre. Épluchez les coings, coupez-les en quartiers et retirez le cœur avant de détailler la chair en cubes de 1 cm de côté.
2. Dans une grande casserole, faites fondre le beurre avec l'huile. Ajoutez les coings, l'ail et le gingembre. Faites cuire à feu doux ou moyen pendant 10 min en remuant de temps en temps. Versez la cassonade et laissez caraméliser pendant quelques minutes à feu moyen.
3. Ajoutez le vinaigre de cidre, le *garam masala* et les raisins secs. Couvrez juste d'eau. Portez à ébullition et laissez cuire pendant 30 min afin que le chutney se transforme en une sauce épaisse. Salez et poivrez à votre convenance.
4. Remplissez les pots à confiture de chutney, fermez-les et retournez-les afin de créer un vide. Laissez refroidir.

VARIANTES
Vous pouvez remplacer une partie des coings par des poires ou des pommes.

TATIN AUX COINGS ÉPICÉS

Pour 6 personnes
40 min de préparation
1 h 15 de cuisson

1 pâte feuilletée

Garniture
1 citron
4 coings

Sirop
200 g de sucre
1 l d'eau
1 rouleau de cannelle
1 étoile de badiane
3 capsules de cardamome
2 clous de girofle
1 poivre long

Caramel au beurre salé
100 g de sucre
2 cuil. à soupe d'eau
40 g de beurre salé

Matériel
Presse-argrumes
Moule à manqué

1. Prélevez un ruban de zeste du citron puis pressez-le dans un petit récipient. Épluchez les coings et badigeonnez-les régulièrement de jus de citron. Ôtez les extrémités des coings, coupez-les en deux et retirez le cœur à l'aide d'un couteau. Coupez-les ensuite en gros cubes.
2. Dans une grande casserole, ajoutez tous les ingrédients du sirop, les coings et leurs épluchures (cela évite qu'ils ne noircissent). Portez à ébullition, puis baissez le feu; laissez cuire à frémissements pendant 20 min environ. Lorsque les coings sont tendres, égouttez-les dans une passoire, jetez le jus de cuisson.
3. Préchauffez le four à 180 °C (th. 6). Beurrez un moule à manqué.
4. Préparez le caramel. Versez le sucre et l'eau dans une casserole à fond épais. Fouettez à feu doux pour dissoudre le sucre, portez à ébullition sans remuer. Lorsque le caramel a une belle couleur ambrée, incorporez le beurre coupé en morceaux. Versez le caramel au beurre salé dans le fond d'un moule. Déposez par dessus les coings égouttés et refroidis. Serrez bien chaque morceau de fruit. Enfournez pendant 30 min.
5. Sortez la pâte feuilletée du réfrigérateur, étalez-la au rouleau sur 3 mm d'épaisseur.
6. À la fin de la cuisson, retirez le jus de cuisson des coings, puis recouvrez les fruits avec la pâte feuilletée en bordant les bords à l'intérieur du moule. Piquez la pâte et enfournez pour 25 min environ. Laissez tiédir 10 min, puis retournez la tarte sur une assiette.

12 **LA NOIX, DU NOM SCIENTIFIQUE *JUGLANS*, EST LE FRUIT À COQUE DU NOYER, ARBRE APPARTENANT À LA FAMILLE DES JUGLANDACÉES. IL TROUVE SES ORIGINES SUR LE CONTINENT EURASIATIQUE ET EN AFRIQUE. DE TYPE DRUPE, LA NOIX EST EN FAIT SON NOYAU SEC. LE NOYER FRUCTIFIE PENDANT DE NOMBREUSES ANNÉES ET IL FAUT PATIENTER PARFOIS DIX ANS OU PLUS AVANT QU'IL NE COMMENCE À PRODUIRE EN QUANTITÉ. RÉCOLTÉES FRAÎCHES EN AUTOMNE, LES NOIX SONT CONSOMMÉES SÈCHES LE RESTE DE L'ANNÉE.**

LES DIFFÉRENTES VARIÉTÉS

Les variétés de noix varient en fonction de la période de maturité qui peut aller de la moitié du mois de septembre jusqu'à la fin du mois d'octobre. Parmi les différentes variétés, il est possible de distinguer :

- la « Corne », variété rustique, considérée comme noix de table au goût fin et de taille moyenne ;
- la « Marbot », noix de table aussi mais reconnaissable à son cerneau veiné ;
- la « Grandjean », petite, facile à énoiser, et commercialisée en cerneaux ;
- la « Franquette », aux gros cerneaux blonds et savoureux, faciles à extraire, et considérée comme une excellente noix de table.

La France est le premier producteur européen de noix, avec deux AOC : la noix de Grenoble (variétés « Parisienne », ou « Mayette ») et la noix du Périgord (variétés « Grandjean », « Marbot », « Franquette » et « Corne »).

BIEN CHOISIR LES NOIX

Les noix se sélectionnent lourdes et pleines, aux écales intactes, sans fente, ni trou. Secouez-les : vous ne devez pas entendre l'amande bouger. Évitez les noix molles et creuses. Quand vous achetez des noix fraîches, faites très attention aux signes de moisissures.

LES MODES DE CONSERVATION

Les noix fraîches peuvent être conservées quelques jours au réfrigérateur, mais elles sont très sensibles au taux d'humidité et peuvent devenir aussi fragiles que des fraises.

À l'inverse, les noix sèches se conservent toute l'année, à l'abri de la chaleur et de la lumière. Afin que les cerneaux de noix sèches retrouvent toute leur fraîcheur, laissez-les tremper pendant 12 h dans du lait.

PRÉPARER LES NOIX

Brisez les noix. Pour sortir les cerneaux entiers, utilisez un petit marteau et donnez un coup sec sur le haut de la coquille, et non aux jointures. Ôtez les cerneaux et mettez de côté leur partie dure et centrale. Retirez la mince pellicule jaune-verte qui recouvre les cerneaux de noix frais. L'amande elle-même est blanche, mais devient légèrement grise en vieillissant.

CUISINER ET MARIER CE FRUIT

Les noix se cuisinent de façons très différentes. Elles peuvent être servies à l'apéritif, en cerneaux ou en vin de noix. En salade, elles se marient parfaitement avec les endives, les pommes et les betteraves. Les noix accompagnent aussi très délicatement certains fromages, en particulier le roquefort et le chèvre.

Transformées en huile, elles parfument délicieusement les sauces et les vinaigrettes. Enfin, elles sont particulièrement appréciées en tartes, en gâteaux et en glaces ainsi qu'en garniture de nougat et d'autres gourmandises.

LES MEILLEURS MOIS POUR LES CONSOMMER

Les noix fraîches sont présentes sur les étals du mois de septembre au mois d'octobre. Sèches, elles se gardent plusieurs mois et, de fait, sont disponibles une grande partie de l'année.

LES VERTUS DE LA NOIX

Très intéressantes sur le plan nutritif, la noix apporte du magnésium, du fer, des vitamines E et B6 ainsi que des acides gras insaturés, en particulier les précieux oméga 3. En effet, 3 à 5 noix par jour permettent de satisfaire nos besoins journaliers en oméga 3. La noix contient également des quantités importantes de protéines, mais étant très riche en lipides, elle doit être consommée avec modération !

NOIX

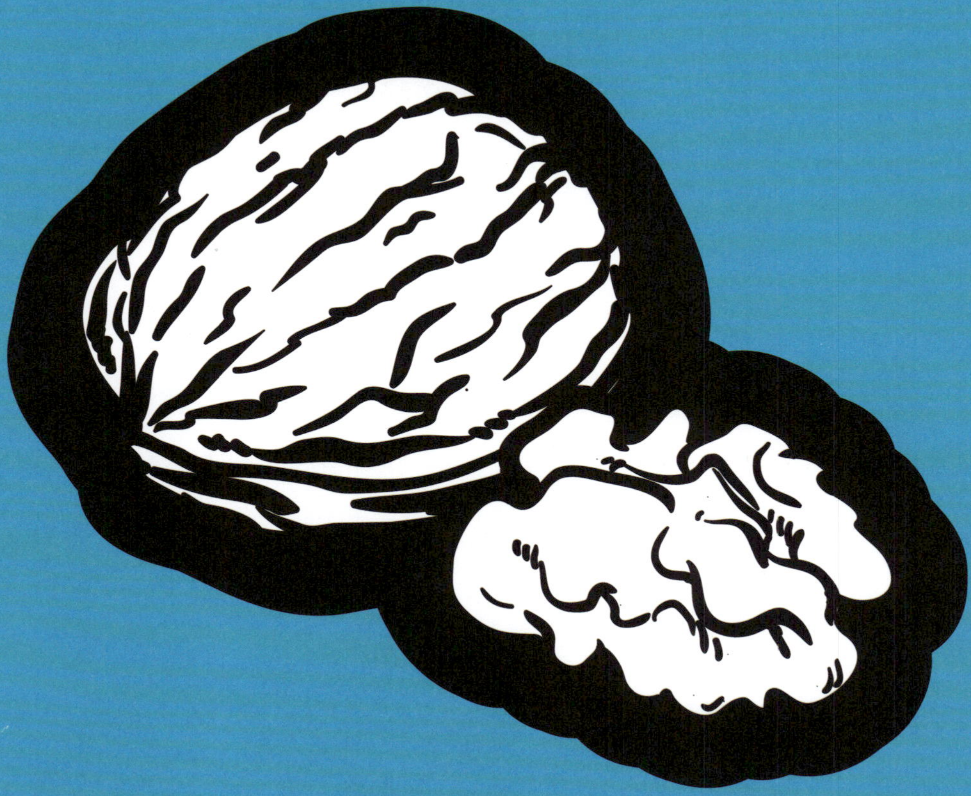

CONSERVATION

1-2 M

VALEUR ÉNERGÉTIQUE

600 KCAL / 100 G

CONSOMMATION

SEPT.
OCT.

PETITS GÂTEAUX AUX NOIX

Pour 10 petits gâteaux environ
25 min de préparation
20 min de cuisson

1 gousse de vanille
150 g de cassonade
100 g de cerneaux de noix + une dizaine pour le décor
3 œufs
1 pincée de sel
125 g de beurre pommade
15 cl de lait entier
250 g de farine
1 sachet de levure chimique

Matériel
Mixeur
Batteur
Petits moules à gâteaux (type muffins)

1. Fendez la gousse de vanille dans la longueur et grattez l'intérieur avec la pointe d'un couteau pour récupérer les petites graines noires qu'elle contient. Dans le bol du mixeur, versez la moitié de la cassonade (75 g), les noix et les graines de vanille. Mixez jusqu'à obtention d'un sable homogène. Cela va assez vite et le résultat ne doit pas être trop fin.
2. Séparez les blancs des jaunes d'œufs. À l'aide du batteur, montez les blancs d'œufs en neige très ferme avec le sel. Dans un saladier, fouettez les jaunes d'œufs avec le reste de la cassonade, jusqu'à ce que le mélange blanchisse. Ajoutez alors le beurre, les noix en poudre, le lait, la farine, puis la levure.
3. Préchauffez le four à 190 °C (th. 6). Incorporez délicatement les blancs en neige à la pâte, jusqu'à obtenir d'un mélange homogène. Versez la pâte dans des moules graissés et recouvrez chacun d'un cerneau de noix.
4. Enfournez pour 20 min de cuisson. La pâte doit dorer et gonfler. Les gâteaux sont cuits lorsque la pointe d'un couteau enfoncée à cœur en ressort humide, mais propre. Sortez les gâteaux du four et laissez-les tiédir quelques minutes avant de le démouler. Servez froid.

TARTELETTES AUX NOIX

Pour 4 tartelettes
30 min de préparation
15 min + 10 min de cuisson
30 min + 2 h de congélation

Pour la pâte
125 g de farine
30 g de sucre en poudre
60 g de beurre
1 pincée de sel

Pour la garniture
60 g de miel (de sapin ou de forêt)
25 g de sucre en poudre
25 g de cassonade
25 g de beurre
5 cl de crème liquide
60 g de cerneaux de noix

Matériel
4 moules à tartelettes
Papier sulfurisé

1. Dans un saladier, mélangez la farine, le sucre, le beurre coupé en morceaux et le sel. Pétrissez et ajoutez un peu d'eau pour lier le tout. Formez une boule. Laissez-la reposer pendant 30 min au réfrigérateur, emballée dans du film alimentaire.
2. Étalez la pâte et répartissez-la dans 4 moules à tartelettes. Piquez-la à l'aide d'une fourchette et recouvrez-la de papier sulfurisé et de haricots secs.
3. Faites cuire les fonds de tarte à blanc dans un four à 200 °C (th. 6-7) pendant 15 min, jusqu'à ce que la pâte soit dorée. Laissez refroidir sur une grille.
4. Dans une casserole, versez le miel, les deux sucres et le beurre coupé en morceaux. Faites cuire à feu doux jusqu'à l'obtention d'un caramel doré (5-6 min). Versez la crème liquide et remuez. Faites cuire encore 2-3 min jusqu'à ce que le caramel nappe la cuillère.
5. Déposez des noix sur les fonds de tarte et versez le caramel par-dessus. Laissez refroidir les tartelettes pendant 2 h, le temps que le caramel prenne.

13 **LA POIRE EST LE FRUIT DU POIRIER, DU NOM SCIENTIFIQUE *PYRUS COMMUNIS L.*, APPARTENANT À LA FAMILLE DES ROSACEAE. CE PETIT ARBRE TROUVE SES ORIGINES EN ASIE CENTRALE ET EN EUROPE OCCIDENTALE. SON FRUIT EST CHARNU AVEC UNE PEAU LÉGÈREMENT RUGUEUSE ET VARIE DU VERT AU JAUNE ET DU ROUGE AU MARRON SUIVANT LES VARIÉTÉS. SA CHAIR BLANCHE, FINE, JUTEUSE ET TRÈS RAFRAÎCHISSANTE, EST PARFOIS GRANULEUSE.**

LES DIFFÉRENTES VARIÉTÉS

Il existe plus de 2 000 variétés de poires, mais seulement une dizaine est commercialisée sur nos marchés. Il est possible de distinguer les poires d'été et celles d'automnes et d'hiver. La « William's » est une poire d'été à la peau, lisse et brillante, variant du jaune au brun, du rouge au vert. Sa chair blanche, très fine est très parfumée et peu acide.

Parmi les variétés de poires d'automne et d'hiver, on peut s'arrêter sur :
- La « Comice » à la peau lisse, claire et tachetée de gris, à la chair blanche, fine et très parfumée, considérée comme l'une des meilleures poires de table ;
- La « Passe-crassane » à la peau épaisse, rugueuse, dorée et marbrée, sa chair granuleuse, fondante et plus acidulée, et reconnaissable au pédoncule recouvert de cire rouge pour retarder son mûrissement ;
- La « Conférence » à la peau épaisse, de couleur vert bronze, à sa chair fine, juteuse, sucrée, de couleur rosée en surface et blanche au centre, idéale pour les confitures.

BIEN CHOISIR LES POIRES

Les poires d'été doivent être choisies lourdes, parfumées et souples au toucher autour du pédoncule. Si possible sans meurtrissures et d'une belle couleur, mais bien mûres.

À l'inverse, les poires d'automne et d'hiver se sélectionnent vertes et fermes, car elles finissent de mûrir à l'air libre.

LES MODES DE CONSERVATION

Les poires d'automne et d'hiver se conservent pendant une semaine, à température ambiance afin qu'elles murissent. Le froid accélérant le processus de maturation, il suffit de les placer quelques heures dans le bac à légumes du réfrigérateur pour qu'elles finissent de mûrir. Une fois à point, elles doivent être mangées dans la journée, tout comme les poires d'été.

Les poires supportent également bien la congélation après avoir été coupées en quartiers et blanchies à l'eau bouillante citronnée.

PRÉPARER LES POIRES

Les poires peuvent se consommer mûres, à point, très fondantes ou encore un peu fermes selon les goûts de chacun. Si elles ne sont pas traitées, il n'est pas nécessaire de les peler, les passer sous un filet d'eau suffit.

Pour conserver des poires épluchées bien blanches, plongez-les dans de l'eau citronnée.

CUISINER ET MARIER CE FRUIT

Crues ou cuites, les poires accompagnent très bien les mets salés. Elles apportent leur parfum délicat aux salades composées et se marient très bien avec les noix et certains fromages. Les poires sont très appréciées avec le cantal, le cheddar, le camembert, le bleu, le chèvre, le gorgonzola, ou encore le brie.

Revenues dans du beurre ou pochées, elles sont un bel accompagnement pour des viandes comme le canard, les volailles, l'agneau ou encore du gibier. Elles sont aussi délicieuses avec des plats plus raffinés, comme des noix de saint-jacques ou du foie gras. Mais elles peuvent aussi s'accommoder avec de la mélisse, du romarin, de la sauge ou de la menthe.

Et avec le chocolat, elles créent un dessert inoubliable !

LES MEILLEURS MOIS POUR LE CONSOMMER

Grâce à ces multiples variétés, on peut déguster des poires depuis le mois d'août jusqu'au mois de novembre.

POIRES AU FOUR

Pour 4 personnes
10 min de préparation
30 min de cuisson

4 poires
4 cuil. à soupe de miel
40 g de beurre
Cannelle
Crème fraîche

1. Préchauffez le four à 180°C (th.6). Beurrez un plat allant au four.
2. Lavez les poires, puis coupez-les en deux et retirez le trognon et les pépins. Disposez-les dans un plat, garnissez-les de miel et disposez 1 noisette de beurre sur chaque moitié. Saupoudrez d'un peu de cannelle. Enfournez pour 30 min. Servez tiède avec de la crème très froide.

LES VERTUS DE LA POIRE

La poire est excellente pour le transit intestinal et fonctionne comme un très bon coupe-faim. Sa richesse en eau lui permet de fournir d'importantes quantités de minéraux et d'oligoéléments. Elle participe ainsi activement à couvrir les besoins quotidiens de l'organisme en potassium, en calcium et en magnésium. Pauvre en sodium, elle est aussi idéale pour les personnes suivant un régime sans sel.

POIRE

CONSERVATION 7 J

VALEUR ÉNERGÉTIQUE 60 KCAL / 100 G

CONSOMMATION SEPT. NOV.

TARTE BOURDALOUE

Pour 6 personnes
20 min de préparation
50 min de cuisson

1 pâte sablée

Garniture
6 poires mûres
70 g d'amandes effilées

Crème d'amande
100 g de beurre mou
100 g de sucre
2 œufs
100 g de poudre d'amandes

Matériel
Moule à tarte

1. Préchauffez le four à 180 °C (th. 6). Faites précuire le fond de tarte à blanc environ 20 min.
2. Dans un récipient, travaillez le beurre avec une cuillère en bois pour qu'il devienne mou. Ajoutez le sucre et mélangez avec un fouet. Ajoutez un à un les œufs en fouettant pour que le mélange devienne mousseux. Incorporez la poudre d'amandes et mélangez bien pour obtenir une crème homogène.
3. Pelez les poires, coupez-les en quatre, ôtez le cœur et les pépins. Retaillez chaque quartier en fines lamelles à l'aide d'un petit couteau bien aiguisé. Étalez la crème d'amande sur le fond de tarte précuit, recouvrez de lamelles de poires. Enfournez pour 25 à 30 min.
4. Dans une poêle, faites dorer les amandes effilées. Sortez la tarte du four et parsemez-la d'amandes grillées.

GRATIN DE POIRES À LA VANILLE ET À L'AMANDE AMÈRE

Pour 4 personnes
10 min de préparation
20 min de cuisson

4 poires
1 gousse de vanille
20 cl de lait
1 cuil. à soupe de purée d'amandes
2 cuil. à soupe de sirop d'érable
1 œuf
3 gouttes d'extrait d'amande amère

Matériel
Plat à gratin

1. Préchauffez le four à 180 °C (th. 6). Épluchez et lavez les poires. Coupez-les en deux dans le sens de la longueur, retirez le trognon à l'aide d'un couteau ou d'une cuillère. Coupez-les ensuite en lamelles biseautées.
2. Récupérez les graines de vanille en fendant la gousse en deux et en grattant l'intérieur avec la pointe d'un couteau. Dans une casserole, faites chauffer, sans bouillir, le lait avec la purée d'amandes, les graines de vanille et le sirop d'érable.
3. Dans un saladier, fouettez l'œuf entier, puis versez la crème d'amande chaude sans cesser de remuer. Ajoutez l'extrait d'amande amère.
4. Dans le plat à gratin, disposez les lamelles de poires en éventail, puis versez la crème d'amande. Faites cuire 20 min à 180 °C (th. 6) jusqu'à ce que le gratin soit bien doré.

CONSEIL
Vous trouverez la purée d'amandes dans les magasins de produits biologiques.

TARTELETTES DE POIRES AU VIN ÉPICÉ

Pour 6 personnes
25 min de préparation
40 min de cuisson

1 pâte sablée
1 blanc d'œuf

Garniture
6 poires
1 orange (le zeste)
75 cl de vin rouge
120 g de sucre
1 bâton de cannelle
1 étoile de badiane
1 clou de girofle
1 capsule de cardamome
1 poivre long

Crème au chocolat
25 cl de lait
½ gousse de vanille
2 jaunes d'œufs
50 g de sucre
20 g de Maïzena
60 g de chocolat noir

Matériel
6 moules a tartelette
Film alimentaire
Râpe ou zesteur

1. Préchauffez le four à 180 °C (th. 6). Préparez 6 fonds de tartelettes et faites-les cuire à blanc environ 20 min. Afin de préserver le croustillant de la pâte, badigeonnez-la, avec un pinceau, de blanc d'œuf légèrement battu 5 min avant la fin de la cuisson.
2. Confectionnez la crème pâtissière. Dans une casserole, faites bouillir le lait avec la demi-gousse de vanille fendue en deux dans la longueur. Laissez infuser 15 min. Retirez la gousse et grattez les graines au dessus du lait à l'aide d'un petit couteau pointu. Dans un saladier, fouettez les jaunes d'œufs, le sucre et la Maïzena. Versez sur ce mélange la moitié du lait bouillant tout en continuant à fouetter. Reversez la préparation dans la casserole contenant le reste du lait. Faites fondre le chocolat au bain-marie et incorporez-le. Mélangez sur feu doux jusqu'à ce que la crème épaississe. Recouvrez de film alimentaire et placez au frais.
3. Épluchez les poires, coupez-les en deux et retirez le cœur. Prélevez le zeste de l'orange avec une râpe (voir technique p. 188)
4. Faites bouillir le vin rouge dans une casserole, puis ajoutez le sucre, les épices et le zeste d'orange. Déposez-y les poires et pochez-les pendant 10 à 20 min. Une fois qu'elles sont tendres, égouttez-les sur une feuille de papier absorbant.
5. Coupez les poires en fines lamelles avec un petit couteau bien aiguisé. Garnissez les fonds de tartelettes de crème pâtissière au chocolat et disposez les lamelles de poire juste au moment de servir.

ASTUCE
Vous pouvez conserver le bouillon au vin rouge quelques jours au réfrigérateur pour pocher d'autres fruits.

SORBET EXPRESS À LA POIRE

Pour 50 cl de sorbet
15 min de préparation
2 h de réfrigération
2 h de congélation

1 grosse conserve de poires au sirop
1 citron (le jus)
3 cl d'alcool de poire
1 blanc d'œuf

Matériel
Blender
Batteur
Sorbetière (facultatif)

TOUCHE DE FRAÎCHEUR

1. Mixez les poires au sirop avec leur jus et le jus de citron dans le blender. Lorsque le mélange est bien lisse, ajoutez l'alcool de poire. Laissez la préparation pendant 2 h au réfrigérateur pour qu'elle soit bien froide. Vous pouvez placer la conserve de poire au sirop la veille au réfrigérateur, ainsi vous n'aurez pas besoin de laisser refroidir la préparation.
2. Dans un saladier, montez le blanc d'œuf en neige bien ferme à l'aide du batteur, puis incorporez-le délicatement à la préparation précédente.
3. Versez le mélange dans la sorbetière et lancez le cycle de turbinage. Placez ensuite le sorbet pendant 2 h au congélateur pour obtenir une texture plus ferme. Vous pouvez également faire prendre le sorbet directement dans un bac au congélateur, en prenant soin de remuer régulièrement pour éviter la formation de cristaux.

CONSEIL
Vous pouvez réaliser cette recette avec des poires fraîches. Il faudra alors pocher les poires dans un sirop (voir recette p.84).

CONFITURE DE POIRES VANILLÉES

Pour 3 à 4 pots de 38,5 cl
20 min de préparation
1 nuit de repos
50 min de cuisson
6 à 8 mois de conservation

1,2 kg de poires (soit 1 kg de fruits épluchés)
500 g de sucre cristallisé
1 gousse de vanille

Matériel
Bassine à confiture
Écumoire
4 pots à confiture stérilsés

1. La veille, épluchez les poires et coupez-les en morceaux. Placez-les dans un saladier et versez le sucre. Ajoutez la gousse de vanille coupée en deux dans le sens de la longueur et grattée à l'aide de la pointe d'un couteau. Laissez macérer 1 nuit sans remuer.
2. Le jour même, placez le mélange de fruits dans la bassine à confiture et faites cuire 50 min à feu moyen, jusqu'à l'obtention d'une couleur légèrement caramélisée.
3. 10 min avant la fin de la cuisson de confiture, plongez les pots vides dans une grande casserole d'eau bouillante pendant 5 min. Égouttez-les et séchez-les. Remplissez les pots de la confiture encore chaude. Refermez-les et mettez-les aussitôt à l'envers jusqu'à refroidissement complet de la confiture.

POIRES AU SIROP

Pour 1 bocal de 1,5 l
20 min de préparation
30 min de cuisson
1 mois de repos avant dégustation
1 an de conservation

1 kg de poires
1 citron (le jus)
400 g de sucre roux
1 gousse de vanille
1,5 l d'eau

Matériel
Bocal

1. Lavez les poires, pelez-les et coupez-les en deux dans le sens de la longueur en conservant la queue. Évidez le cœur de la poire à l'aide d'une petite cuillère. Placez les demi-poires dans le bocal en les tassant bien.
2. Dans une casserole, versez 1,5 l d'eau, le jus du citron, le sucre et la gousse de vanille coupée en deux dans le sens de la longueur et grattée à l'aide d'une pointe de couteau. Laissez cuire le mélange 30 min à feu doux jusqu'à ce qu'il soit bien sirupeux.
3. Versez le sirop bouillant sur les poires jusqu'à 2 cm du bord. Fermez le bocal.
4. Procédez immédiatement à la stérilisation, 35 min à 100 °C.

CONSEIL
Laissez les poires macérer dans le sirop vanillé pendant 1 mois minimum avant de les consommer.

COMPOTE DE POIRES, GINGEMBRE, CARDAMOME

Pour 2 bocaux de 0,5 l
15 min de préparation
25 min de cuisson
1 an de conservation

1 kg de poires
2 morceaux de gingembre confit
3 capsules de cardamome
2 cuil. à soupe de miel d'acacia

Matériel
2 bocaux

1. Lavez et épluchez les poires. Coupez-les en gros morceaux de 3 cm de côté. Tranchez le gingembre confit en très fines lamelles.
2. Placez les fruits, le gingembre, la cardamome et le miel dans une grande casserole, puis faites cuire 25 min à feu moyen. Remuez de temps en temps à l'aide d'une cuillère en bois pour éviter que la compote n'accroche.
3. Après la cuisson, ôtez la cardamome.
4. Mettez en bocaux et procédez immédiatement à la stérilisation pendant 40 min à 100 °C.

CONSEIL
Dégustez cette compote tiède ou froide.

« En saison n'hésitez pas à faire plusieurs bocaux, ils se conservent 1 an, vous pourrez ainsi les déguster toute l'année. »

14 LA POMME, DONT LE NOM SCIENTIFIQUE EST *MALUS DE DOMESTICA*, EST LE FRUIT DU POMMIER, APPARTENANT À LA FAMILLE DES ROSACÉES. ORIGINAIRE DE LA RÉGION DU CAUCASE, C'EST UNE BAIE CHARNUE, RONDE, DE COULEURS DIFFÉRENTES EN FONCTION DES VARIÉTÉS, ALLANT DU ROUGE AU MARRON EN PASSANT PAR LE VERT ET LE JAUNE. LA POMME EST L'ESPÈCE LA PLUS CULTIVÉE DANS LE MONDE.

LES DIFFÉRENTES VARIÉTÉS

Il existe un très grand nombre de variétés de pommes. Parmi les plus connues, il est possible de distinguer celles qui se consomment aussi bien crues que cuites et celles simplement bonnes à croquer.

Qu'elles soient servies crues ou cuites, on peut retenir la « Golden delicious » sucrée, croquante et juteuse ; la « Gala » très sucrée ; la « Reine des Reinettes » acidulée et peu sucrée ; la « Braeburn » croquante, juteuse et acidulée ; la « Jonagold » sucrée ; la « Elstar » acidulée et un peu sucrée ; la « Reinette grise du Canada » acidulée et croquante ; et la « Belle de Boskoop » acidulée.

À croquer sans modération : la « Granny Smith » très acidulée, croquante et rafraîchissante ; la « Fuji » sucrée et juteuse ; la « Idared » acidulée ; et la « Red delicious » sucrée et peu acidulée.

BIEN CHOISIR LES POMMES

Les pommes doivent être choisies fermes, sans tache, avec un pédoncule vert et dégageant un léger parfum. Attention : une peau fripée sera un indice de mauvaise conservation, mais pas nécessairement de mauvais goût ! Le choix des pommes se fait en fonction des préférences de chacun, mais surtout en fonction de la façon dont on souhaite les consommer.

LES MODES DE CONSERVATION

Les pommes peuvent être conservées pendant plusieurs jours à température ambiante, ou pendant une semaine dans le bac à légumes du réfrigérateur, ce qui les empêchera de continuer de mûrir.

Les pommes supportent aussi très bien la congélation. Elles demandent une petite préparation : lavez et pelez les pommes, puis épépinez-les. Coupez-les selon votre envie. Vous pouvez les congeler ainsi si vous les arrosez de jus de citron. Sinon faites-les cuire avant les placer dans un récipient adapté.

PRÉPARER LES POMMES

Les pommes non traitées peuvent se consommer telles quelles, avec leur peau et simplement rincées à l'eau. Dans la plupart des recettes, vous aurez à les éplucher et les épépiner. Elles peuvent ensuite être coupées en dés, en demi-tranches, ou autre selon votre recette. Si vous souhaitez les faire cuire dans leur entier, entaillez légèrement la peau afin d'éviter que le fruit n'éclate pendant la cuisson.

CUISINER ET MARIER CE FRUIT

On peut cuisiner les pommes de multiples façons. Elles sont utilisées de façons très variées pour des pâtisseries, des viennoiseries, des gâteaux ou des tartes. Flambées, farcies, en compotes ou en mousses, elles sont aussi délicieuses. Elles se marient très bien avec les épices comme la cannelle ou la vanille et, grâce à la pectine qu'elles contiennent, elles sont très utiles à la préparation de gelées de fruits.

Dans des plats sucré-salé, elles s'accordent parfaitement au boudin noir, au rôti de porc, à l'andouillette et à différentes volailles. Elles sont aussi très appréciées dans les salades composées.

LES MEILLEURS MOIS POUR LE CONSOMMER

Les pommes sont meilleures du mois de septembre au mois de décembre car elles ont mûri dans l'arbre !

POMMES À LA CANELLE

Pour 4 personnes
15 min de préparation
15 min de cuisson

4 pommes
Une noisette de beurre pour la poêle
Sucre
Cannelle

1. Épluchez les pommes, coupez-les en quartiers et retirez le trognon. Recoupez chaque quartier en deux.
2. Dans une poêle antiadhésive faites fondre le beurre et mettez les morceaux de pomme à dorer sur chaque face à feu vif pendant 3 min. Saupoudrez-les d'un peu de sucre, puis de cannelle. Vous pouvez les servir accompagnées d'un peu de crème fraîche.

LES VERTUS DE LA POMME

Modérément calorique, la pomme est riche en fibre et a l'avantage de réguler le transit intestinal. Consommée crue, elle est une véritable source de vitamines B, E et C, leur quantité diminue pendant la cuisson. La présence de pectine permet de faire diminuer en partie le cholestérol et la forte présence d'eau apporte d'importants minéraux et oligoéléments, en particulier du potassium.

POMME

CONSERVATION

6-7 J

VALEUR ÉNERGÉTIQUE

54 KCAL / 100 G

CONSOMMATION

SEPT. DÉC.

COMPOTE AUX 3 POMMES

Pour 2 bocaux de 0,5 l
15 min de préparation
25 min de cuisson
1 an de conservation

9 pommes de 3 variétés différentes
2 morceaux de gingembre confit
1 citron (le jus)
4 cuil. à soupe de miel
1 gousse de vanille

1. Lavez et épluchez les pommes. Coupez-les en gros morceaux d'environ 3 cm de côté. Coupez les morceaux de gingembre en très fines lamelles.
2. Placez les morceaux de pommes, le jus du citron, le gingembre confit, le miel et la gousse de vanille coupée en deux et grattée avec la pointe d'un couteau, dans une casserole. Faites cuire 25 min à feu moyen. Remuez de temps en temps à l'aide d'une cuillère en bois pour éviter que la compote n'accroche.
3. Mettez en bocaux et procédez immédiatement à la stérilisation pendant 40 min à 100 °C.

CONSEIL
Dégustez cette compote tiède ou froide.

TARTE TATIN

Pour 6 personnes
20 min de préparation
40 min de cuisson
5 min de repos

1 pâte brisée

Garniture
1 kg de pommes acidulées
120 g de sucre
60 g de beurre
4 cuil. à soupe de crème fraîche épaisse

Matériel
Moule à manqué

1. Préchauffez le four à 200 °C (th. 6-7). Pelez les pommes, coupez-les en quatre, retirez le cœur et les pépins. Dans une poêle, faites fondre le sucre. Lorsque le mélange a atteint une belle couleur ambrée, ajoutez le beurre en morceaux hors du feu et remuez. Déposez les pommes dans la poêle, remettez sur le feu et laissez cuire 15 à 20 min. Disposez les pommes harmonieusement dans le moule à manqué.
2. Sortez la pâte du réfrigérateur, étalez-la au rouleau sur 3 mm d'épaisseur et déposez-la sur les pommes, rentrez les bords à l'intérieur. Piquez légèrement la pâte avec une fourchette et faites une petite cheminée au milieu. Enfournez 15 à 20 min, jusqu'à ce que la pâte soit dorée.
3. Sortez la tarte Tatin du four, laissez-la reposer 10 min puis retournez-la sur une assiette. Dégustez tiède avec de la crème fraîche.

GELÉE DE POMME AUX ÉPICES DE NOËL

Pour 4 à 5 pots de 38,5 ml
30 min de préparation
1 nuit de repos
30 min de cuisson
3 à 4 mois de conservation

2 kg de pommes non traitées
800 g de sucre cristallisé par litre de jus obtenu
1 citron (le jus)
1 étoile de badiane (anis étoilé)
1 petit bâton de cannelle
3 capsules de cardamome
1 gousse de vanille

Matériel
Bassine à confiture
Étamine
Thermomètre à confiture (facultatif)
5 pots à confiture stérilisés

1. La veille, lavez soigneusement les pommes et coupez-les en quatre, en laissant la peau et le trognon. Placez-les dans la bassine à confiture avec l'étoile de badiane, le bâton de cannelle, les capsules de cardamome légèrement écrasées et la gousse de vanille coupée en deux et grattée à l'aide de la pointe d'un petit couteau. Couvrez d'eau à hauteur et portez à ébullition pendant 20 min.
2. Mettez les pommes cuites et le jus dans une étamine placée au-dessus d'un grand saladier et laissez le jus s'écouler toute la nuit.
3. Le jour même, pesez le jus obtenu et ajoutez la quantité de sucre qui correspond. Ajoutez le jus de citron et faites bouillir pendant 10 min. À l'aide d'un thermomètre à confiture, vérifiez la cuisson et stoppez-la quand elle atteint 105 °C. Si vous n'avez pas de thermomètre, utilisez la technique de la cuillère (voir p. 191).
4. 10 min avant la fin de la cuisson de la gelée, plongez les pots vides dans une grande casserole d'eau bouillante pendant 5 min. Égouttez-les et séchez-les. Remplissez les pots de la gelée encore chaude. Refermez les pots et mettez-les aussitôt à l'envers jusqu'à refroidissement complet de la gelée.

15 **LE RAISIN EST LE FRUIT D'UNE VIGNE, DU NOM SCIENTIFIQUE *VITIS VINIFERA*, APPARTENANT À LA FAMILLE DES AMPÉLIDACÉES. ORIGINAIRE DU PROCHE-ORIENT, CETTE LIANE PRODUIT DES GRAPPES COMPOSÉES DE NOMBREUX GRAINS, LES BAIES. ELLES SONT DE PETITE TAILLE ET DE COULEUR CLAIRE, POUR LE RAISIN BLANC, OU PLUS FONCÉE, POUR LE RAISIN ROUGE. LEUR CHAIR TRÈS JUTEUSE EST PLUS OU MOINS SUCRÉE SELON LES VARIÉTÉS. LE RAISIN FAIT PARTIE DES FRUITS ANCIENS QUE L'ON CONNAIT.**

LES DIFFÉRENTES VARIÉTÉS

Il existe de très nombreuses variétés dans le monde, entre 5 000 et 7 000, mais seule une petite partie est consommée. Parmi les variétés les plus consommées se distinguent :

- le « Muscat de Hambourg » : raisin noir tardif, petit, à la peau fine, faisant parti des plus savoureux, grâce à sa pulpe juteuse et très parfumée ;
- l'« Italia » ou « Idéal blanc » : raisin de septembre, vert, gros et croquant à la peau moyenne et à la pulpe assez musquée ;
- l'« Alphonse Lavallée » : raisin de moyenne saison (août-octobre), bleu-noir, gros, ferme, à la peau épaisse et à la pulpe très ferme ;
- le « Chasselas » : fruit de moyenne saison (août-novembre) doré, à la peau fine, à la chair tendre et juteuse, et à la saveur délicate et sucrée ;
- le « Ribol » : raisin tardif, noir, gros, ovale et aux pépins réputés assez durs.

BIEN CHOISIR LE RAISIN

Choisissez les raisins mûrs, car une fois cueillis les grains n'évoluent plus. Prenez-les aussi fermes, sans tache et sans ride. La fine pellicule blanche, la pruine, est gage de maturité. La tige doit être verte, souple et cassante.

LES MODES DE CONSERVATION

Le raisin se conserve jusqu'à 5 jours dans le bac à légumes du réfrigérateur, dans un sachet perforé. Il peut être laissé à l'air libre, dans une corbeille à fruits mais il devra être consommé dans les 2 à 3 jours.

Le raisin se congèle, mais il faut l'égrainer au préalable et le faire macérer dans du sirop de sucre dans un récipient bien fermé. Une fois sec, le raisin se conserve plusieurs mois dans un récipient hermétique.

PRÉPARER LE RAISIN

Avant de consommer du raisin, il est important de bien le rincer car il est très souvent traité. Il est recommandé de le sortir du réfrigérateur 1 h avant de le manger afin d'en apprécier toute la saveur. Dans certains cas, et pour certaines variétés, il est utile de retirer leur peau épaisse et leurs gros pépins.

CUISINER ET MARIER CE FRUIT

Principalement connu pour la fabrication du vin à partir de son jus fermenté, le raisin est aussi très apprécié en fruit de table ou sec. Il peut être cuisiné en tartes, crumbles ou clafoutis. Il rehaussera aussi subtilement les semoules, le riz au lait et se mêlera délicatement aux salades de fruits.

Dans des plats salés, il est très apprécié dans les salades vertes, accompagné de noix et de jambon cru. Se mariant délicieusement bien avec tout un éventail de fromages, le raisin est réputé pour s'allier particulièrement bien aux fromages frais. Cuit, il forme une belle harmonie avec le veau, le canard ou encore le gibier et constitue une parfaite garniture pour les viandes blanches et le foie gras.

LES MEILLEURS MOIS POUR LE CONSOMMER

Les meilleurs mois pour consommer le raisin sont les mois de septembre et d'octobre.

LES VERTUS DU RAISIN

Le raisin est l'un des fruits les plus énergétiques, autant que la figue fraîche mais moins que la banane. Son principal atout est sa grande richesse en antioxydants et en minéraux, ce qui fait de lui un très bon diurétique.

Reminéralisant et source de vitamine C, ce sont aussi certaines vitamines du groupe B qui lui permettent de favoriser l'assimilation des glucides.

RAISIN

CONSERVATION

2-3 J

VALEUR ÉNERGÉTIQUE

70 KCAL / 100 G

CONSOMMATION

SEPT.
OCT.

GÂTEAU MOELLEUX AUTOMNAL AUX RAISINS

Pour 4 personnes
20 min de préparation
50 min de cuisson

1 belle grappe de raisin rouge bio
170 g de beurre demi-sel
3 œufs
120 g de sucre de canne + 1 cuil. à soupe pour la finition
150 g de farine de riz
50 g de fécule de maïs
1 cuil. à café rase de gomme de guar
1 cuil. à café de bicarbonate
4 cuil. à soupe de graines de lin

Matériel
Moule à manqué
Papier sulfurisé

1. Préchauffez le four à 180 °C (th. 6). Lavez et coupez en deux les raisins, puis enlevez les pépins. Dans une casserole, faites fondre le beurre. Dans un saladier, battez les œufs avec le sucre. Ajoutez la farine, la fécule, la gomme de guar et le bicarbonate. Mélangez et ajoutez le beurre fondu. Ajoutez les grains de raisin et 3 cuil. de graines de lin.
2. Mélangez à nouveau la préparation puis versez-la dans le moule préalablement chemisé avec du papier sulfurisé.
3. Répartissez sur le gâteau le reste de graines de lin. Saupoudrez de sucre de canne, puis enfournez pour 50 min de cuisson

TARTELETTES AU RAISIN BLANC

Pour 6 personnes
20 min de préparation
35 à 40 min de cuisson

1 pâte sablée
1 grappe de raisin blanc (idéalement sans pépin)
20 g de sucre glace

Crème de noisette
100 g de beurre mou
100 g de sucre
2 œufs
100 g de poudre de noisettes

Matériel
6 moules à tartelette

1. Préchauffez le four à 180 °C (th. 6). Préparez 6 fonds de tartelettes et faites-les précuire à blanc environ 15 min.
2. Préparez la crème de noisette. Dans un récipient, travaillez le beurre avec une cuillère en bois pour qu'il devienne mou. Ajoutez le sucre et mélangez vigoureusement avec un fouet. Ajoutez un à un les œufs en fouettant à chaque fois pour que le mélange devienne mousseux. Incorporez la poudre de noisettes et mélangez bien pour obtenir une crème homogène.
3. Étalez la crème de noisette sur les fonds de tartelettes précuits. Remplissez jusqu'à mi-hauteur car la crème de noisette va gonfler à la cuisson. Enfournez pour 20 à 25 min de cuisson.
4. Détachez les grains de la grappe de raisin, nettoyez-les et séchez-les. Disposez-les sur les tartelettes cuites et refroidies. Saupoudrez de sucre glace et dégustez.

GELÉE DE RAISIN

Pour 4 à 5 pots de 38,5 cl
30 min de préparation
1 nuit de repos
30 min de cuisson
3 à 4 mois de conservation

1,5 kg de raisin non traité
800 g de sucre cristallisé par litre de jus obtenu
Le jus d'1 citron non traité
10 cl de jus de pomme bio

Matériel
Bassine à confiture
Étamine
Moulin à légumes
Thermomètre à confiture (facultatif)
5 pots à confiture stérilisés

1. La veille, lavez soigneusement le raisin et coupez les grains en deux. Placez-les dans la bassine à confiture. Couvrez d'eau à hauteur et portez à ébullition pendant 20 min.
2. Passez les grains de raisin cuits et leur jus dans un moulin à légumes. Mettez la pulpe obtenue dans une étamine au-dessus d'un grand saladier et laissez le jus s'écouler toute la nuit.
3. Le jour même, pesez le jus obtenu et ajoutez la quantité de sucre qui correspond. Versez le jus de citron et le jus de pomme, puis faites bouillir pendant 10 min. À l'aide d'un thermomètre à confiture, vérifiez la température et stoppez-la quand elle atteint 105 °C. Si vous n'avez pas de thermomètre, utilisez la technique de la cuillère (voir p. 191).
4. 10 min avant la fin de la cuisson de la gelée, plongez les pots vides dans une grande casserole d'eau bouillante pendant 5 min. Égouttez-les et séchez-les. Remplissez les pots de la gelée encore chaude. Refermez les pots et mettez-les aussitôt à l'envers jusqu'à refroidissement complet de la gelée.

OPINEL
INOX
OPINEL
SAVOIE · FRANCE

HIVER

16 LES BLETTES, OU BETTES, DE LEUR NOM SCIENTIFIQUE *BETA VULGARIS VAR. CICLA*, APPARTIENNENT À LA FAMILLE DES CHÉNOPODIACÉES. ELLES SE FONT ÉGALEMENT APPELER CÔTES DE BETTE, POIRÉES OU JOUTTES. ORIGINAIRE DU BASSIN MÉDITERRANÉEN, C'EST UNE PLANTE POTAGÈRE, COUSINE DE LA BETTERAVE. SES LARGES FEUILLES, PLUS OU MOINS VERTES ET AUX CÔTES ÉPAISSES SONT CONSOMMÉES COMME LÉGUMES.

LES DIFFÉRENTES VARIÉTÉS

Il existe de nombreuses variétés de blettes, différenciables par leurs couleurs vives et contrastées. Parfois très esthétiques, elles sont aussi utilisées comme plante ornementale. Parmi les variétés les plus fréquemment rencontrées, il est possible de distinguer :

- les variétés à feuilles comme la « bette-épinard », la « poirée verte à couper » ainsi que la « blette blonde commune » ;

- les variétés à cardes comme la « blette blanche commune », la « blette blonde à cardes blanches » de Lyon, la « blette verte à cardes blanches » de Paris ainsi que les « blettes à cardes » rouges, roses, oranges ou jaunes qui sont plus rares mais dont les côtes sont plus parfumées.

BIEN CHOISIR LES BLETTES

Les blettes doivent être choisies avec des feuilles très colorées, souples, fermes et luisantes. Les espèces présentant des feuilles flétries doivent être évitées. Sélectionnez les blettes avec des côtes souples et cassantes. Si des taches brunes apparaissent à leur base, cela signifie qu'elles n'ont pas été cueillies récemment, donc ignorez-les.

LES MODES DE CONSERVATION

Les blettes fraîches se conservent très bien pendant 2 à 3 jours, enveloppées dans un torchon humide et bien serré aux extrémités et placées dans le bac à légumes du réfrigérateur. Elles ont tendance à se conserver davantage en botte qu'en feuilles individuelles.

La congélation est possible. Une fois rincées et séchées, séparez les feuilles des côtes, puis hachez-les ou non avant de les placer dans un récipient adapté. Il est également possible de les blanchir avant de les congeler.

PRÉPARER LES BLETTES

Rincez les feuilles et les côtes afin d'en retirer le sable ou la terre, puis coupez les extrémités noircies. En fonction de la recette choisie, séparez les feuilles des côtes en éliminant les parties abîmées. Cassez la base des côtes : si elles paraissent filandreuses, retirez les plus grosses fibres en les tirant vers le haut à l'aide d'un couteau. Si les blettes sont jeunes, cette étape n'est pas nécessaire car les fibres sont alors fines et digestes.

CUISINER ET MARIER CE LÉGUME

Les côtes et les feuilles de blettes se consomment aussi bien crues que cuites. Crues, elles peuvent être servies dans des salades, elles les relèvent par leur goût prononcé. Cuites, elles se préparent en gratins, en poêlées et en galettes. Les blettes se cuisinent aussi très bien dans des farcis, des pâtes, des risottos, des soupes ainsi que dans des tartes. L'ail, les oignons et les poireaux, sont leurs meilleurs alliés.

En accompagnement, elles seront idéales avec de la charcuterie, un plat de viande (canard ou porc), ou encore avec des saucisses et des lardons. Les blettes s'associent aussi très bien aux fruits comme les pommes, les poires et les fruits secs. Elles sont également très appréciées avec des fromages comme le roquefort, le parmesan ou encore la brousse.

LES MEILLEURS MOIS POUR LE CONSOMMER

La meilleure saison pour consommer les blettes s'étend de la fin du mois de juillet à la fin du mois de novembre.

LES VERTUS DES BLETTES

Les blettes sont peu caloriques, diurétiques et légèrement laxatives. Riches en eau, elles contiennent des minéraux intéressants comme le fer et le calcium. Plus les feuilles sont foncées, plus ces minéraux sont présents. Associées à la viande, les blettes permettent grâce à leur forte contenance en vitamine C, de bien assimiler le fer.

BLETTE

CONSERVATION

2-3 J

VALEUR ÉNERGÉTIQUE

20 KCAL / 100 G

CONSOMMATION

JUIL.
NOV.

GRATIN DE BLETTES, TOMATES ET CHORIZO

Pour 6 personnes
30 min de préparation
35 min de cuisson

1 gousse d'ail
1 échalote
1 kg de blettes
1 boîte de tomates pelées (400 g)
10 tranches de chorizo
50 g de parmesan
1 filet d'huile d'olive
Sel, poivre du moulin

Matériel
Plat à gratin

POUR CE SOIR

1. Préchauffez le four à 200 °C (th. 6-7). Pelez et émincez la gousse d'ail et l'échalote. Faites-les revenir dans une poêle avec 1 filet d'huile d'olive. Pendant ce temps lavez et coupez les feuilles de blettes en lanières de 1 cm. Ajoutez-les dans la poêle. Faites cuire à couvert pendant 10 min.
2. Coupez les tomates pelées en quatre et ajoutez-les avec leur jus dans la poêle avec les feuilles de blettes. Poursuivez la cuisson pendant 5 min. Salez, poivrez.
3. Disposez les feuilles de blettes à la tomate dans le plat à gratin. Coupez les tranches de chorizo en lanières et ajoutez-les aux blettes dans le plat à gratin. Parsemez le tout de parmesan râpé. Faites cuire 20 min à 200 °C (th. 6-7).

17 LA CAROTTE, DONT LE SCIENTIFIQUE EST *DAUCUS CAROTA*, EST UNE PLANTE BIANNUELLE DE LA FAMILLE DES APIACÉES. ORIGINAIRE DU MOYEN ORIENT ET D'ASIE MINEURE, LA CAROTTE EST À LA FOIS LE NOM DE LA PLANTE POTAGÈRE ET CELUI DE LA RACINE QUE L'ON CONSOMME CRUE OU CUITE. LARGEMENT CULTIVÉ, CE LÉGUME EST GÉNÉRALEMENT DE COULEUR ORANGE.

LES DIFFÉRENTES VARIÉTÉS

Plus de 500 variétés de carottes ont été recensées au Catalogue Européen des Espèces et Variétés. Les principales variétés cultivées sont de taille, de forme et de couleur différentes. Parmi les plus commercialisées, il est possible de distinguer :

- la carotte « Parmex », de type grelot, à la chair rouge et dépourvue de cœur, idéale pour décorer et accompagner un plat ;
- la carotte « Nantaise Slendero », longue, lisse et très régulière, à la chair juteuse et reconnue pour ses qualités gustatives ;
- la carotte « Chantenay », semi-longue et plus volumineuse, reconnue pour sa longue conservation ;
- la carotte « de la Halle », récoltée tardivement, semi-longue et très colorée, se conservant très bien et idéale pour les confitures et les marmelades.

BIEN CHOISIR LES CAROTTES

Les carottes primeurs, ou nouvelles, doivent être choisies d'une couleur intense, avec des feuilles vertes et non flétries, un gage de fraîcheur.

Pour les carottes de conservation, commercialisées tout au long de l'hiver, il est préférable d'en choisir avec des extrémités bien fermes et ne présentant pas de radicelles blanches, ce qui indiqueraient une carotte âgée, peut-être fibreuse.

LES MODES DE CONSERVATION

Les carottes primeurs sont les plus fragiles et peuvent se conserver pendant 2 jours dans le bac à légumes du réfrigérateur.

Les carottes de conservation peuvent se garder facilement une semaine. Entreposées dans du sable et placées dans un endroit frais, sec, aéré et à l'abri de la lumière, elles se conserveront encore plus longtemps.

Elles se congèlent très bien une fois blanchies pendant 3 min dans de l'eau bouillante.

PRÉPARER LES CAROTTES

Si les carottes ne sont pas traitées, il est préférable de les gratter, plutôt que de les éplucher, car leurs vitamines se trouvent juste sous leur peau. Après les avoir lavées sous un filet d'eau, elles peuvent se détailler de diverses façons : en rondelles, en julienne, en brunoise, etc. Si vous les servez râpées, ajoutez un filet de jus de citron pour éviter qu'elles ne noircissent et assaisonnez-les au dernier moment.

CUISINER ET MARIER CE LÉGUME

Les carottes nouvelles sont délicieuses cuisinées à la crème, avec des fines herbes, Vichy (en rondelles et cuites à l'eau avec du sucre), ou en jardinière. Elles apportent toutes leurs saveurs aux potages, purées, tartes et potées. Très appréciées en garnitures de plats mijotés, elles accompagnent parfaitement les viandes blanches, en particulier le veau. Leurs fanes sont aussi idéales pour aromatiser les soupes. Préparées sucrées, en gâteaux, les carottes font aussi de délicieux desserts. Centrifugées, elles donnent d'excellents jus et se marient harmonieusement avec la pomme, le raisin et la mangue !

LES MEILLEURS MOIS POUR LE CONSOMMER

Il est possible de trouver des carottes tout au long de l'année selon les variétés : les carottes nouvelles en avril, les « Nantaises » en mai et en juin, les variétés longues et mi-longues de juin à octobre et d'octobre à mars pour les carottes de conservation.

PURÉE DE CAROTTE

Pour 4 personnes
15 min de préparation
20 min de cuisson

1 kg de carottes
3 pommes de terre
30 g de beurre
25 cl de crème fraîche
Sel, poivre

1. Épluchez les légumes. Coupez les carottes en rondelles et les pommes de terre en deux. Faites-les cuire dans une casserole d'eau salée pendant 15 à 20 min à feu vif. Égouttez-les.
2. Mixez-les, ajoutez le beurre, la crème et au besoin un peu de lait pour obtenir la consistance voulue.

LES VERTUS DE LA CAROTTE

La carotte est une grande source de provitamine A, ou carotène, un puissant antioxydant. Plus elle est colorées, plus sa teneur en carotène est importante. Son apport énergétique est modéré et elle contient également un peu de vitamine C. Crue, elle facilite le transit intestinal mais, paradoxalement, en soupe ou en purée, elle possède un fort pouvoir de rétention d'eau.

CAROTTE

CONSERVATION

7 J

VALEUR ÉNERGÉTIQUE

40 KCAL / 100 G

CONSOMMATION

OCT.
MARS

PÂTÉ DE CAROTTE AU MIEL ET AU CUMIN

Pour 10 personnes
1 h de préparation
1 h 30 de cuisson
24 h de réfrigération

1,5 kg de carottes
3 oignons de Roscoff
4 cuil. à soupe de miel
1 cuil. à soupe pointue de cumin
15 cl de crème fraîche épaisse
3 œufs
1 cuil. à soupe de Maïzena
1 pincée de noix muscade moulue
1 pincée de poivre de Cayenne moulu
5 cl d'huile d'olive
Beurre pour la terrine
Sel, poivre du moulin

Matériel
Cuit-vapeur
Terrine rectangulaire de 1 kg (14 cm x 9 cm x 8 cm)
Mixeur
Papier sulfurisé
Grand plat à four

1. Épluchez les carottes, lavez-les, puis faites-les cuire à la vapeur pendant 35 à 40 min. Elles doivent être parfaitement attendries. Laissez-les refroidir sur un plat. Pendant ce temps, épluchez et hachez les oignons.
2. Dans une poêle, faites cuire les oignons à feu moyen dans l'huile d'olive pendant 7 ou 8 min. Ajoutez le miel et faites à peine caraméliser, puis sortez du feu et ajoutez le cumin. Laissez refroidir dans un bol.
3. Préchauffez le four à 180 °C (th. 6). Beurrez la terrine. Mixez finement les carottes cuites. Dans un saladier, assemblez les carottes mixées, la crème fraîche, les oignons cuits au miel et au cumin, les œufs, la Maïzena, la noix muscade, le poivre de Cayenne, du sel et du poivre. Mélangez bien tous ces ingrédients.
4. Remplissez la terrine de cette farce. Recouvrez-la de papier sulfurisé beurré, puis placez-la dans un plat profond et remplissez-le d'eau chaude. Enfournez pour 1 h 15 de cuisson. Pour vérifier la cuisson de la terrine, piquez une aiguille au centre : elle doit ressortir propre.
5. Sortez la terrine du four et laissez-la refroidir. Entreposez-la dans le réfrigérateur pendant 24 h avant de la consommer. Au moment de servir, démoulez la terrine et servez-la coupée en tranches avec éventuellement une salade de roquette aux noix et un soupçon de cumin.

CONSEIL
En saison et si le marché le permet, préparez cette recette avec des carottes… violettes !

VELOUTÉ CHÂTAIGNES- CAROTTES-POTIMARRON

Pour 4 personnes
15 min de préparation
30 min de cuisson

1 potimarron
8 carottes
1 boîte de marrons en conserve
1 cube de bouillon
3 feuilles de laurier

Matériel
Mixeur

1. Pelez le potimarron et les carottes, puis coupez-les en gros morceaux.
2. Mettez tous les légumes dans une casserole et couvrez d'eau. Ajoutez le cube de bouillon et le laurier. Laissez cuire pendant 30 min.
3. Une fois les légumes bien tendres, retirez les feuilles de laurier, puis mixez. Servez bien chaud.

TIAN DE CAROTTES, CHAMPIGNONS ET CERFEUIL

Pour 6 personnes
30 min de préparation
1 h 10 de cuisson

600 g de carottes
150 g de champignons de Paris
1 oignon
3 œufs entiers
20 g de comté
1 petit bouquet de cerfeuil
2 filets d'huile d'olive
Sel, poivre du moulin

Matériel
Moulin à légumes
Plat à gratin

1. Préchauffez le four à 160 °C (th. 5-6). Épluchez et lavez les carottes. Coupez la moitié des carottes en tronçons. Faites-les cuire 20 min à la vapeur. Coupez l'autre moitié en rondelles assez fines à l'aide d'une mandoline ou d'un couteau. Rincez les champignons et coupez-les en lamelles assez fines également.
2. Épluchez et hachez l'oignon. Faites-le revenir dans une poêle avec 1 filet d'huile d'olive jusqu'à ce qu'il soit bien doré. Réduisez en purée les carottes cuites à la vapeur et mélangez- les à l'oignon. Ajoutez les œufs et le comté râpé, mélangez. Salez, poivrez.
3. Dans le plat à gratin, étalez une couche de purée de carottes. Placez, à la verticale, sur la purée les lamelles de carottes et de champignons en les alternant. Versez sur le tian 1 filet d'huile d'olive. Faites cuire 40 min à 160 °C (th. 5-6).
4. Ciselez le cerfeuil finement et parsemez-le sur le tian une fois la cuisson terminée.

TARTE CAROTTES, POTIMARRON, CHÈVRE

1. Préparez la pâte dans un saladier. Mélangez la farine, le yaourt, l'huile d'olive et le sel, jusqu'à obtenir une boule homogène. Abaissez votre pâte et disposez-la dans le moule.
2. Préchauffez le four à 180 °C (th. 6). Préparez la garniture : lavez, épluchez, râpez et pressez les carottes et le potiron pour en extraire le maximum d'eau.
3. Dans un bol, mélangez les œufs, le lait et la crème. Ajoutez le mélange carottes-potiron et disposez sur la pâte. Répartissez le Petit Billy émietté, le saint-marcellin et le crottin. Enfournez pour 45 min.

CONSEIL
Une tarte à déguster bien chaude !

Pour 4 personnes
25 min de préparation
45 min de cuisson

La pâte
150 g de farine
1 pot de yaourt
1 cuil. à soupe d'huile d'olive
2 pincées de sel

Garniture
2 carottes
200 g de potiron
2 œufs
4 cuil. à soupe de lait
4 cuil. à soupe de crème
½ Petit Billy
¼ de saint-marcellin
½ crottin de chèvre

BŒUF BRAISÉ AUX CAROTTES

Pour 4-6 personnes
35 min de préparation
2 h 30 de cuisson

1,5 kg de paleron de bœuf ou de jarret sans os
2 oignons
10 carottes
1 l de vin rouge
1 cube de bouillon de bœuf + 1,5 l d'eau
1 bouquet garni
90 g de beurre
65 g de farine
150 g de lardons fumés
Huile d'arachide
Sel, poivre noir du moulin

Matériel
Écumoire

1. Coupez la viande en morceaux. Épluchez les oignons et les carottes, puis coupez-les en dés.
2. Faites chauffer une grande cocotte à feu très vif avec de l'huile d'arachide. Faites sauter les oignons et les carottes pendant 2 ou 3 min, puis mettez de côté. Faites ensuite dorer les morceaux de bœuf en 2 ou 3 fois pendant environ 10 min. Éliminez l'huile de cuisson.
3. Dans la cocotte, assemblez la viande bien dorée, les légumes, le vin, le bouillon et le bouquet garni. Salez, poivrez et portez à ébullition. Couvrez et laissez cuire à petit feu pendant 2 h environ. Dégraissez de temps en temps avec une louche. Ajoutez du bouillon si le niveau de sauce baisse trop.
4. Préparez un roux, dans une casserole, faites fondre le beurre à feu doux. Ajoutez la farine préalablement tamisée dans le beurre complètement fondu. Mélangez au fouet pour obtenir un mélange homogène. Portez le roux à ébullition, puis faites-le cuire à feu doux en mélangeant sans arrêt.
5. Lorsque la viande et les légumes sont cuits, égouttez-les avec l'écumoire et placez-les dans un saladier. Ajoutez le mélange roux encore chaud dans le jus de cuisson brûlant en fouettant fortement. Faites sauter les lardons à la poêle 2 ou 3 min.
6. Goûtez la sauce, salez et poivrez si besoin, puis replacez la viande cuite, les lardons et les légumes dans la sauce. Laissez cuire encore pendant 4 ou 5 min environ. Supprimez le bouquet garni, puis servez très chaud.

CAROTTES MIJOTÉES AU MIEL

Pour 4 personnes
10 min de préparation
25 min de cuisson

8 oignons nouveaux
600 g de carottes
1 botte de ciboulette
2 cuil. à soupe de pignons de pin
4 cuil. à soupe d'huile d'olive
Sel, poivre du moulin

La sauce
1 cuil. à café rase de graines d'anis (facultatif)
1 citron (le jus)
1 orange (le jus)
6 cuil. à soupe d'huile d'olive
4 cuil. à soupe de miel
2 pincées de cumin en poudre
Sel, poivre du moulin

1. Faites chauffer à feu moyen l'huile d'olive dans une cocotte. Éliminez les fanes et les racines des oignons, puis coupez-les en grosses tranches. Faites-les cuire dans la cocotte 5 min à feu doux.
2. Épluchez puis coupez en rondelles les carottes. Ajoutez-les dans la cocotte, mélangez, salez et poivrez. Couvrez, puis laissez cuire lentement 25 min en remuant de temps en temps. Goûtez les carottes : elles doivent rester légèrement fermes. Modifiez le temps de cuisson si besoin.
3. Pilez finement les graines d'anis dans un mortier à l'aide du pilon ou simplement au rouleau à pâtisserie. Pressez le citron et l'orange. Mélangez tous les autres ingrédients de la sauce dans un bol.
4. Versez la sauce sur les carottes. Mélangez et laissez cuire 5 min supplémentaires à feu très doux. Sortez du feu. Décorez de ciboulette hachée et ajoutez les pignons de pin préalablement grillés à la poêle.

18 LE CHOU DE BRUXELLES, DE SON NOM SCIENTIFIQUE *BRASSICA OLERACEA VAR GEMMIFERA*, EST UNE VARIÉTÉ DE CHOU, PLANTE HERBACÉE DE LA FAMILLE DES BRASSICACEAE. ORIGINAIRE DU BASSIN MÉDITERRANÉEN, ELLE EST CULTIVÉE POUR SES BOURGEONS AXILLAIRES. CES PETITS CHOUX POMMÉS GROSSISSENT JUSQU'À FAIRE ENTRE 2 ET 4 CM DE DIAMÈTRE ET ILS ONT UN GOÛT TRÈS PRONONCÉ.

LES DIFFÉRENTES VARIÉTÉS

En fonction des saisons, il existe de nombreuses variétés aux noms souvent très imagés. Parmi elles, il est possible de citer :

- pour les variétés précoces, de la fin du mois de septembre au mois de novembre : les « Asgard », « Cor », « Lunet », « Mallard », « Nicoline », « Porter » et « Riga » ;

- pour les variétés demi-tardives, du mois de novembre au mois de décembre : les « Citadelle », « Héraclès », « Kundry », « Odessa », « Pilar », « Rampart » et « Tornado » ;

- pour les variétés tardives et très tardives, du mois de janvier au mois de mars : les « Content », « Edmund », « Stat », « Gabion », « Igor », « Lauris » et « Pinacle ».

BIEN CHOISIR LES CHOUX DE BRUXELLES

Les choux de Bruxelles doivent être choisis entiers, pommés, bien serrés et d'une belle couleur verte. Sans feuilles jaunies, ni meurtrissures et il est recommandé de vérifier qu'ils ne sont infestés d'aucun insecte.

LES MODES DE CONSERVATION

Les choux de Bruxelles non lavés se conservent pendant une petite semaine dans le bac à légumes du réfrigérateur.

Ils se congèlent aussi très bien. Faites-les blanchir pendant 3 à 5 min dans de l'eau bouillante, égouttez-les et séchez-les avant de les entreposer dans des sacs de congélation.

PRÉPARER LES CHOUX DE BRUXELLES

Raccourcissez leur trognon en évitant que les feuilles ne se détachent. Une fois les parties abîmées retirées, lavez-les dans de l'eau vinaigrée afin d'éliminer les éventuels insectes. Rincez-les abondamment, puis égouttez-les. Inutile de les couper, ils cuisent en entier.

Il est fortement recommandé de les faire cuire dans deux eaux. Après avoir été blanchis quelques minutes à l'eau bouillante afin de les rendre plus digestes, faites-les cuire dans un grand volume d'eau bouillante salée pendant 20 min. Préparés à la vapeur ils préservent toutes leurs vitamines. Pour vérifier la cuisson, plantez un couteau dans l'un des choux, la lame doit rentrer facilement.

CUISINER ET MARIER CE LÉGUME

Les choux de Bruxelles se cuisinent au beurre, à la crème, en gratin ou en purée. Il est aussi courant de les braiser, avec des châtaignes et des lardons. Ils accompagnent parfaitement les viandes, particulièrement le rôti de porc, et les gibiers. Parmi les meilleurs alliés des choux de Bruxelles, il faut compter sur les saveurs grasses et fumées comme le lard, le bacon ou la poitrine fumée. Ils sont par ailleurs très savoureux servis en salade, avec de l'huile de noix et du vinaigre.

LES MEILLEURS MOIS POUR LE CONSOMMER

La meilleure période pour les consommer commence à la fin du mois de septembre et se termine à la fin du mois de décembre.

CHOUX DE BRUXELLES AUX LARDONS

Pour 4 personnes
10 min de préparation
35 min de cuisson

1 kg de choux de Bruxelles
200 g de lard fumé
1 cuil. à café de sucre
Poivre

1. Lavez les légumes, coupez la base et retirez les feuilles abîmées. Plongez-les dans une casserole d'eau bouillante salée et faites-les cuire 10 min à feu vif. Égouttez-les.
2. Coupez le lard en dés et faites-les dorer dans une poêle. Saupoudrez de sucre et poivre. Ajoutez les choux de Bruxelles et faites-les dorer 20 min.

LES VERTUS DU CHOU DE BRUXELLES

Le chou de Bruxelles est riche en soufre, ce qui peut le rendre difficile à digérer ; c'est pourquoi il est important de le cuire en deux temps. Cependant, une fois cette règle respectée, la cellulose qu'il contient favorise la bonne régulation du transit intestinal. Riche en sels minéraux, comme le calcium et le magnésium, une partie des vitamines contenues, en particulier la vitamine C, disparait malheureusement lors de la cuisson.

CHOU DE BRUXELLES

CONSERVATION

7 J

VALEUR ÉNERGÉTIQUE

50 KCAL / 100 G

CONSOMMATION

SEPT.
DÉC.

SOUPE DE CHOUX DE BRUXELLES

Pour 4 à 6 personnes
25 min de préparation
35 min de cuisson

300 g de pommes de terre
2 poireaux
300 g de choux de Bruxelles
50 g de beurre
50 cl de lait
1 cube de bouillon de légumes bio + 50 cl d'eau
Sel et poivre du moulin

Garniture et finition
6 choux de Bruxelles
3 cuil. à soupe de crème fraîche épaisse
4 cuil. à soupe d'huile d'olive
Sel et poivre du moulin

Matériel
Blender

VÉGÉTARIEN

1. Épluchez les pommes de terre et coupez-les en cubes. Ôtez les extrémités des poireaux et la plus grosse partie verte. Coupez-les en deux dans le sens de la longueur, puis passez-les sous l'eau. Émincez les poireaux sur une épaisseur d'environ 2,5 cm. Lavez les choux de Bruxelles, coupez ensuite leur base et retirez les feuilles abîmées. Coupez les plus gros en deux.
2. Dans une cocotte, faites fondre le beurre, puis ajoutez les pommes de terre, les poireaux et les choux. Couvrez et faites cuire à feu doux pendant 5 min en remuant régulièrement. Versez ensuite le lait, le bouillon et assaisonnez. Couvrez et portez à ébullition, puis laissez cuire pendant 25 min à feu doux : les pommes de terre doivent être tendres. Égouttez-les grossièrement en conservant le bouillon de cuisson.
3. Préparez la garniture. Lavez les 6 choux de Bruxelles, coupez la base, puis émincez-les. Dans une poêle, faites chauffer l'huile d'olive et ajoutez les choux émincés. Faites-les frire pendant 2 à 3 min et, une fois qu'ils sont bien croustillants, égouttez-les sur une feuille de papier absorbant et salez.
4. Mixez finement le reste des légumes en versant petit à petit le bouillon de cuisson pour ajuster au mieux l'onctuosité ; rectifiez l'assaisonnement si nécessaire. Servez le velouté chaud et décorez chaque bol de 1 cuil. de crème fraîche et de choux croustillants.

19

LE CHOU FRISÉ DONT LE NOM SCIENTIFIQUE EST *BRASSICA OLERACEA VAR. SABELLICA*, SE FAIT AUSSI APPELER KALE, BORÉCOLE, CHOU VERT, CHOU D'AIGRETTE, CHOU FRANGÉ OU ENCORE CHOU LACINIÉ. C'EST UNE PLANTE POTAGÈRE ISSUE DE LA FAMILLE DES BRASSICACÉES ET, CONTRAIREMENT AUTRES PLANTES DE LA FAMILLE DES CHOUX, SES LONGUES FEUILLES POUSSENT INDÉPENDAMMENT LES UNES DES AUTRES, SANS FORMER DE POMME. C'EST POUR CETTE RAISON QU'ON LE TROUVE SOUS FORME DE BOTTE.

LES DIFFÉRENTES VARIÉTÉS

Parmi les nombreuses variétés de choux frisés, il est possible de distinguer :

- le « Lucinato » aux feuilles bleutées, rugueuses et non frisées ;
- le « Red Monarch » aux feuilles violettes aux nervures de la même couleur et très frisées ;
- le « Blue Schot » aux feuilles de couleur vert foncé voire bleuté, également très frisées ;
- le « Red Russian » aux feuilles lisses, dentelées avec une veine centrale violette.

On trouve aussi le « Noir de Toscane », le « Westland winter », le « chou cavalier » et bien d'autres.

BIEN CHOISIR LE CHOU FRISÉ

Le chou frisé se présente en grosse botte contenant quelques grandes feuilles et quelques feuilles plus petites à l'intérieur. Elles doivent être fermes et droites, ne pas plier sous leur propre poids et n'avoir ni tache, ni meurtrissures. D'une belle couleur, la nervure centrale doit être cassante ; témoin de la fraîcheur du chou, elle indique que le chou se conservera plus longtemps. Les choux frisés les plus vieux ont tendance à jaunir.

LES MODES DE CONSERVATION

Détachez le lien de la botte afin de laisser l'air circuler entre les feuilles. Après avoir disposé les feuilles dans un sac de papier kraft ou dans un torchon humide, le chou peut être entreposé dans la partie la plus froide du réfrigérateur. En conservant la nervure centrale de la feuille, le chou frisé se garde pendant une bonne semaine sans que sa texture ne s'altère.

Une fois cuit, le chou frisé se conserve quelques jours, au frais, dans un contenant hermétique.

PRÉPARER LE CHOU FRISÉ

Le chou frisé peut se consommer aussi bien cru que cuit. Les feuilles intérieures de la botte sont plus tendres et moins matures, ce qui les destine à être mangées crues. Les feuilles extérieures, plus fibreuses, sont, quant à elles, meilleures cuites.

Après avoir bien rincé les feuilles, retirez la nervure centrale et filandreuse à l'aide d'une paire de ciseaux ou d'un couteau. Elles pourront ensuite être hachées ou non, en fonction de la recette choisie. Pour une consommation crue du chou, il est fortement conseillé d'émincer très finement les feuilles car elles peuvent s'avérer assez coriaces.

CUISINER ET MARIER CE LÉGUME

Le chou frisé se marie merveilleusement avec les pommes de terre, les carottes, les betteraves, les oignons, les poireaux, les navets, les courges et les champignons. Il est très apprécié dans les plats de pâtes, les omelettes, les soupes, les potées, le pot-au-feu. Il est également délicieux sauté, accompagné d'autres légumes ou non, et relevé d'un peu d'ail et d'huile. C'est aussi un parfait accompagnement pour les grillades et les viandes fumées.

Cru, il se marie savoureusement à l'avocat, aux agrumes, au miso et au sésame. Il permet de composer des salades gourmandes et nutritives.

Certains plats traditionnels sont préparés avec du chou frisé : le *caldo verde* portugais, une soupe à base de pommes de terre et de feuilles de chou émincées, souvent servie avec du chorizo ; et le *colcannon* irlandais, une purée de pommes de terre agrémentée de chou frisé émincé, souvent servie à Halloween.

LES MEILLEURS MOIS POUR LE CONSOMMER

La meilleure période pour consommer le chou frisé court du mois de septembre au mois de décembre.

LES VERTUS DU CHOU FRISÉ

La principale vertu du chou frisé est sa forte contenance en vitamines : une portion de ce légume fournit la totalité de l'apport quotidien recommandé en vitamine A. Aussi riche en minéraux (calcium, fer et manganèse), il l'est également en fibres et contient d'importants antioxydants.

CHOU FRISÉ

CONSERVATION	VALEUR ÉNERGÉTIQUE	CONSOMMATION
7-8 J	36 KCAL / 100 G	SEPT. DÉC.

STAUB
STAUB

CHOU BRAISÉ

Pour 4-6 personnes
25 min de préparation
1 h de cuisson

1 chou frisé
2 oignons
2 carottes
150 g de poitrine fumée
4 cuil. à soupe de graisse de canard
1 beau brin de thym frais
1 verre de vin blanc
½ cube de bouillon de légumes + 35 cl d'eau
Sel, poivre du moulin

1. Effeuillez le chou frisé, jetez le trognon et plongez les feuilles pendant 2 min dans un grand volume d'eau bouillante salée. Égouttez les feuilles dans la passoire.
2. Épluchez puis coupez en tranches les oignons et les carottes. Détaillez également la poitrine fumée en gros carrés.
3. Dans une cocotte, faites chauffer la graisse de canard (ou, à défaut, de l'huile) à feu assez vif. Faites dorer les oignons, les carottes et la poitrine fumée pendant 7 ou 8 min. Ajoutez les feuilles de chou préalablement coupées.
4. Salez, poivrez, puis ajoutez le thym, le vin et le bouillon. Couvrez et laissez mijoter au moins 50 min. Servez le chou bien tendre et chaud avec son jus.

CONSEIL
Vous pouvez ajouter 1 ou 2 tomates coupées en tranches en même temps que le vin et le bouillon à l'étape n° 4.

CHOU FARCI

Pour 4-6 personnes
15 min de préparation
40 min de cuisson

1 gros oignon
2 gousses d'ail
500 g de viande hachée
Quelques brins de persil frais
1 cuil. à café d'herbes de Provence
1 chou vert
50 cl de coulis de tomates
50 g de fromage râpé
1 cuil. à soupe d'huile d'olive
Sel, poivre du moulin

Matériel
Plat à gratin

1. Préchauffez le four à 200 °C (th. 6-7). Pelez l'oignon et émincez-le. Épluchez les gousses d'ail et écrasez-les.
2. Dans une poêle, faites chauffer l'huile d'olive. Faites ensuite revenir l'oignon et l'ail pendant 5 min dans l'huile chaude. Ajoutez la viande hachée. Remuez. Salez et poivrez, puis ajoutez du persil haché et les herbes de Provence. Réservez.
3. Lavez le chou. Prélevez les grosses feuilles extérieures. Faites-les cuire pendant 10 min dans un grand volume d'eau bouillante pour les blanchir. Passez-les ensuite sous l'eau froide et étalez-les sur un torchon.
4. Déposez de la viande hachée au centre de chaque feuille de chou. Roulez les feuilles en ramenant les côtés vers le centre. Déposez les petits rouleaux de chou farci au fur et à mesure dans le plat à gratin.
5. Versez le coulis de tomates dans le plat et recouvrez de fromage râpé. Enfournez pour 20 min de cuisson.

POTÉE

Pour 8 personnes
30 min de préparation
1 h 30 de cuisson

1 chou frisé
4 carottes
4 oignons
4 blancs de poireau
4 gros navets
1 kg de pommes de terre
1,5 kg d'échine de porc salée
½ palette de porc salée
500 g de poitrine de porc salée
1 saucisson à cuire
1 gros brin de thym
Quelques grains de poivre
Moutarde

Matériel
Écumoire

CLASSIQUE FRANÇAIS

1. Éliminez les feuilles extérieures du chou, puis coupez-le en quatre. Épluchez et lavez les autres légumes.
2. Mettez toutes les viandes (sauf le saucisson) dans une marmite. Recouvrez d'eau froide. Portez à ébullition, écumez la surface à l'aide d'une louche, puis laissez cuire doucement pendant 30 min au moins. Ajoutez tous les légumes (sauf les pommes de terre), le thym et quelques grains de poivre. Laissez cuire 30 min supplémentaires.
3. Incorporez enfin le saucisson et les pommes de terre. Poursuivez la cuisson pendant 30 min à faible ébullition. Égouttez les viandes à l'aide de l'écumoire, puis coupez-les en tranches. Servez avec les légumes. Et n'oubliez pas la moutarde !

« Plat ancien et populaire, il tire son nom du pot en terre dans lequel on faisait cuire la potée à l'origine. »

20

L'ENDIVE, APPELÉE AUSSI CHICON, DONT LE NOM SCIENTIFIQUE EST *CICHORIUM INTYBUS* EST UNE PLANTE BISANNUELLE DE LA FAMILLE DES ASTÉRACÉES. ORIGINAIRE DE BELGIQUE, L'ENDIVE EST NÉE PAR HASARD À LA FIN DU XIXE SIÈCLE, C'EST EN VOULANT CACHER –PAR AVARICE– DES PIEDS DE CHICORÉE SAUVAGE ET EN LES FORÇANT À RESTER DANS L'OBSCURITÉ QUE M. BRÉZIERS A CRÉE L'ENDIVE. DU HAUT DE LA RACINE POUSSENT DES FEUILLES ALLONGÉES, SERRÉES AU CENTRE ET BLANCHIES DANS L'OBSCURITÉ ET L'HUMIDITÉ. LEUR COULEUR CLAIRE EST DUE À L'ABSENCE DE CHLOROPHYLLE.

LES DIFFÉRENTES VARIÉTÉS

Les différentes variétés d'endives sont aujourd'hui très compactes, blanches et dépourvues d'amertume. Cependant la grande majorité de ces variétés sont des hybrides, produites par forçage hydroponique. Parmi elles, il est possible de distinguer : l'« Atlas », la « Crénoline », l'« Ecrine », l'« Extral », la « Goldwin », l'« Hermes » ou encore l'« Ombline ».

BIEN CHOISIR LES ENDIVES

Choisissez des endives fermes, brillantes, renflées et sans tache. Les feuilles doivent être de préférence de petite taille et bien resserrées jusqu'à leurs extrémités et très pâles. La coupe blanche peut avoir une légère teinte orange, mais elle doit surtout paraître humide et fraîche. Les endives ouvertes ou verdâtres sont à éviter car elles sont alors beaucoup plus amères.

LES MODES DE CONSERVATION

Il faut éviter de laisser les endives à la lumière car leurs feuilles deviennent vertes et leur goût s'altère. Enveloppées dans un torchon légèrement humide, elles peuvent être gardées dans le bac à légumes du réfrigérateur pendant quelques jours.

Attention, les endives supportent mal la congélation.

PRÉPARER LES ENDIVES

Les endives se préparent très facilement. Après les avoir effeuillées, passez les feuilles sous l'eau froide et essorez-les correctement à l'aide d'un linge propre ou de papier absorbant. Si elles ne sont pas traitées, il suffit de retirer les premières feuilles abîmées pour ne garder que les plus blanches.

Pour limiter leur amertume, coupez une petite partie de leur base, ou versez un verre de lait dans l'eau de cuisson. Braisées, un morceau de sucre leur donnera une couleur colorée et les adoucira.

CUISINER ET MARIER CE LÉGUME

Les endives se consomment aussi bien crues que cuites. Crues, elles composent de délicieuses salades, accompagnées de noix, de pommes, de crudités, de betteraves et éventuellement de coquillages. Elles s'associent parfaitement à des fromages au goût prononcé comme le roquefort, le bleu d'Auvergne ou encore la feta. Elles sont également très appréciées avec des lardons, des gésiers et des pommes de terre tièdes.

Cuites, elles ont un franc succès servies avec du jambon mais elles accompagnent aussi parfaitement les poissons grillés, les crustacés, le rôti de veau ou encore de la volaille. Mariées à d'autres légumes, elles sont délicieuses en potages, soupes et veloutés. Les épices comme la cannelle, le cumin et le piment doux sont ses meilleurs alliés !

LES MEILLEURS MOIS POUR LE CONSOMMER

La meilleure période pour consommer les endives court du mois de novembre au mois de février.

LES VERTUS DE L'ENDIVE

L'endive est très légère et digeste : elle se compose presque exclusivement d'eau. Importante source de potassium, elle participe pleinement à la bonne régulation de la pression artérielle. Forte de vitamines variées (C, B1, B2, PP), l'endive fournit aussi un bon apport en oligoéléments antioxydants. Mangée cuite, les fibres de ses feuilles favorisent le transit intestinal.

ENDIVE

CONSERVATION

5-6 J

VALEUR ÉNERGÉTIQUE

20 KCAL / 100 G

CONSOMMATION

NOV. FÉVRIER

TATIN D'ENDIVES, MIEL ET CHÈVRE

Pour 6 personnes
25 min de préparation
30 min de cuisson

8 endives de taille moyenne
2 pincées de sucre
15 cl de bouillon de légumes
1 cuil. à soupe de miel
7 tranches de chèvre
½ saint-marcellin
1 pâte feuilletée
2 cuil. à soupe d'huile d'olive

Matériel
Moule à tarte

1. Préchauffez le four à 180 °C (th. 6). Lavez et émincez les endives dans la longueur.
2. Dans une poêle, faites chauffer l'huile, puis faites sauter les endives 5 min avec le sucre. Déglacez avec le bouillon et le miel. Une fois que le liquide est évaporé, les endives doivent être cuites (si ce n'est pas le cas, versez un peu d'eau et poursuivez la cuisson). Ôtez du feu et laissez tiédir.
3. Dans le moule à tarte préalablement huilé, disposez harmonieusement les endives, les fromages ; puis recouvrez de pâte feuilletée (n'hésitez pas à enlever un peu de pâte pour éviter les gros boudins sur les côtés).
4. Enfournez pour 30 min de cuisson. Démoulez immédiatement à la sortie du four.

CONSEIL
Une tarte Tatin à déguster bien chaude avec une salade de mâche.

BARQUETTES D'ENDIVES AU ROQUEFORT

1. Effeuillez l'endive et disposez les feuilles sur un plat de service.
2. Dans un bol, écrasez le roquefort avec la crème et le fromage frais, jusqu'à obtenir une consistance homogène.
3. Déposez cette crème au cœur des feuilles. Réservez au frais avant de servir en entrée.

Pour 20 barquettes environ
10 min de préparation

1 endive
100 g de roquefort
4 cuil. à soupe de crème
2 Carré® Frais

« Souvent mal-aimée des enfants pour son amertume, crue à l'apéritif ils sauront l'apprécier. »

ENDIVES GRATINÉES AU GORGONZOLA ET AU PARMESAN

Pour 2 personnes
15 min de préparation
35 à 45 min de cuisson

4 endives
100 g de gorgonzola
25 cl de crème liquide allégée
1 grosse cuil. à soupe de mascarpone
2 cuil. à soupe de Maïzena
80 g de parmesan râpé

Matériel
Plat à gratin

1. Essuyez les endives puis coupez les pieds. Faites-les cuire à la vapeur pendant 20 à 30 min. Égouttez-les, puis disposez-les dans le plat à gratin.
2. Préchauffez le four à 200 °C (th. 6-7). Dans une casserole, faites fondre le gorgonzola avec la crème et le mascarpone. Délayez la Maïzena dans un peu d'eau, puis ajoutez-la à la crème. Mélangez jusqu'à épaississement.
3. Versez cette préparation crémeuse sur les endives, saupoudrez de parmesan, puis enfournez pour 15 min de cuisson. Servez ces endives à la sortie du four.

CONSEIL
Vous pouvez accompagner les endives gratinées d'un mélange de céréales.

ENDIVES AU JAMBON

1. Rincez les endives et retirez les feuilles abîmées. Coupez le pied de chaque endive en creusant vers l'intérieur en cône pour retirer toute la partie amère.
2. Faites cuire les endives entières dans un grand volume d'eau bouillante salée pendant 25 min. Égouttez-les ensuite sur du papier absorbant. Préchauffez le four à 200 °C (th. 6-7).
3. Préparez la sauce Béchamel. Faites fondre le beurre à petit feu dans une casserole. Lorsqu'il est fondu, ajoutez la farine et remuez doucement à l'aide d'un fouet pendant 2 min. Versez le lait froid et le vin blanc en même temps. Continuez de remuer jusqu'à ce que la préparation épaississe. Assaisonnez avec un peu de sel, poivre, et noix muscade.
4. Enroulez les endives dans les tranches de jambon et déposez-les dans le plat à gratin. Versez la sauce Béchamel par-dessus et parsemez de fromage râpé.
5. Enfournez les endives au jambon pour 20 min de cuisson, jusqu'à ce que le fromage ait bien fondu.

Pour 4 personnes
25 min de préparation
45 min de cuisson

8 endives
8 tranches de jambon
100 g de fromage râpé

Sauce Béchamel
20 g de beurre
2 cuil. à soupe bombées de farine
25 cl de lait
5 cl de vin blanc sec
Noix muscade
Sel, poivre du moulin

Matériel
Plat à gratin

GRATIN D'ENDIVES AU CARAMEL DE CAROTTES

Pour 4 personnes
40 min de préparation
35 min de cuisson

2 kg d'endives
1 carotte
20 cl d'eau
150 g de sucre blond
2 étoiles de badiane
2 bâtons de cannelle
4 gousses de cardamome
1 clou de girofle
1 cuil. à soupe de graines de coriandre
7 tours de poivre du moulin
20 g de beurre

Matériel
Râpe
Mixeur
Plat à gratin

1. Préchauffez le four à 200 °C (th. 6-7). Rincez les endives et coupez-les en tronçons de 1 cm. Plongez-les quelques secondes dans une casserole d'eau bouillante, puis faites-les revenir avec 10 g de beurre dans une poêle à feu vif.
2. Épluchez, lavez et râpez la carotte. Placez-la dans une casserole avec 20 cl d'eau et le sucre. Ajoutez les épices. Faites cuire 15 min à feu moyen. Une fois la cuisson terminée, retirez les épices et mixez le caramel de carottes.
3. Disposez les endives dans un plat à gratin beurré. Recouvrez du caramel de carottes épicé et faites cuire 20 min à 200 °C (th.6-7).

21 LE POIREAU CULTIVÉ, DU NOM SCIENTIFIQUE *ALLIUM PORRUM*, APPARTIENT À LA FAMILLE DES ALLIACÉES. ORIGINAIRE DU PROCHE-ORIENT, C'EST UNE PLANTE HERBACÉE BISANNUELLE LARGEMENT CULTIVÉE COMME PLANTE POTAGÈRE POUR SES FEUILLES ENGAINANTES ET SA PARTIE SOUTERRAINE BLANCHE ET TENDRE. AUSSI APPELÉE PORREAU, POIRÉE, POIRETTE OU ENCORE ASPERGE DU PAUVRE, ELLE EST CONSOMMÉE COMME LÉGUME.

LES DIFFÉRENTES VARIÉTÉS

Il existe de nombreuses variétés de poireaux qu'il est possible de diviser en deux grandes familles. Les poireaux primeurs, récoltés entre le mois de mai et le début du mois de juillet, sont facilement reconnaissables car ils sont fins et de petite taille. Lorsqu'ils présentent un tronc court, leur feuillage est vert bleuté. Avec un tronc plus large, leur feuillage est très clair. Leur texture est tendre et fondante et leur saveur douce et légèrement sucrée.

Les poireaux d'automne et d'hiver, récoltés dès le mois d'octobre et jusqu'aux premières gelées, sont d'un calibre plus gros, avec un feuillage bien coloré. Parmi les poireaux d'automne et d'hiver, il est possible de distinguer : le « Géant d'hiver » vert foncé, le « poireau de Mézières » vert bleu et le « poireau de Solaise » bleu franc.

BIEN CHOISIR LES POIREAUX

Choisissez des poireaux aux tiges droites, charnues, fermes et d'un blanc brillant. Sans tache brune, leurs feuilles devront être bien vertes et leurs racines fraîches et terreuses. Le cœur blanc est savoureux et plus on s'en éloigne, plus il devient ferme, amer et piquant.

LES MODES DE CONSERVATION

Les poireaux frais peuvent se garder tels quels, pendant 10 jours, placés dans le bac à légumes du réfrigérateur. Attention, plus les poireaux attendent, plus ils durcissent et deviennent fibreux. Lavés et taillés en rondelles, ils ne se conserveront que pendant 5 à 6 jours. Cuits, ils peuvent se conserver 2 jours dans un récipient hermétique.

Les poireaux supportent très bien la congélation ; pour cela il suffit de les tailler en rondelles, de les blanchir, puis les plonger très rapidement dans de l'eau glacée. Une fois séchés, ils peuvent se conserver pendant 6 mois dans des sacs à congélation.

PRÉPARER LES POIREAUX

Coupez les racines et la base, puis brossez le reste du poireau. Après avoir sectionné le reste de la tige jusqu'au départ du feuillage, lavez-le à l'eau froide.

Il arrive que le poireau fasse pleurer lorsqu'on le coupe cru, c'est pourquoi il est souvent conseillé d'effectuer cette étape sous un filet d'eau.

CUISINER ET MARIER CE LÉGUME

Les poireaux peuvent se servir aussi bien crus que cuits. Ils sont très appréciés lorsqu'ils sont accompagnés d'autres légumes et incorporé dans des soupes, tartes, tourtes, gratins ou quiches. Ils se marient aussi très bien aux poissons à chair fine comme le bar, le turbot, la sole, le cabillaud mais aussi les coquilles Saint-Jacques et les pétoncles. Concernant les viandes, les poireaux accompagnent particulièrement bien les chairs blanches et les viandes bouillies. Attention à ne pas laisser les poireaux trop se colorer à feu vif car leur goût peut devenir amer.

Si vous souhaitez les servir crus, il est fortement conseillé de les émincer très finement et de les mélanger à d'autres crudités en y ajoutant un peu de sucre pour adoucir leur côté piquant.

LES MEILLEURS MOIS POUR LE CONSOMMER

La meilleure période pour savourer les poireaux court du mois de septembre au mois de mars.

LES VERTUS DU POIREAU

Le poireau est peu calorique et à la fois riche en vitamines et minéraux. Source de pro-vitamine A, de vitamines C et E, c'est un très bon antioxydant permettant de protéger les cellules. Ses glucides spécifiques, les fructosanes, et son rapport en potassium et en sodium élevé, lui confèrent de réelles propriétés diurétiques. Sous forme de bouillon, il est aussi réputé pour faciliter l'élimination rénale.

POIREAU

CONSERVATION

10 J

VALEUR ÉNERGÉTIQUE

25 KCAL / 100 G

CONSOMMATION

SEPT. MARS

POIREAUX VINAIGRETTE

Pour 4 personnes
10 min de préparation
15-20 min de cuisson

4 blancs de poireau
2 cuil. à soupe de vinaigre
3 cuil. à soupe d'huile neutre
1 cuil. à soupe de moutarde
2 échalotes
Quelques brins de persil frais
Sel, poivre du moulin

1. Rincez les poireaux et coupez-les en tronçons de 15 cm de longueur. Dans une grande casserole d'eau bouillante, faites-les cuire pendant 15 à 20 min, selon l'épaisseur.
2. Préparez une vinaigrette bien relevée en mélangeant le vinaigre, l'huile et la moutarde. Pelez et émincez finement les échalotes, puis ajoutez-les à la vinaigrette avec un peu de persil haché. Salez et poivrez.
3. Lorsque les poireaux sont cuits, égouttez-les bien en les posant sur du papier absorbant quelques minutes. Servez les poireaux encore tièdes avec la vinaigrette bien relevée.

CAKE POIREAUX ET SAINT-JACQUES AU SAFRAN

1. Préchauffez le four à 180 °C (th. 6). Coupez les noix de saint-jacques en quatre et ciselez le poireau.
2. Dans un saladier, mélangez du bout des doigts le beurre mou avec la farine, la levure et le safran. Salez et poivrez. Ajoutez les œufs un par un en mélangeant bien et versez le lait. Ajoutez les saint-jacques et le poireau à la pâte, puis mélangez.
3. Versez la pâte dans le moule et enfournez pour 45 min de cuisson. Pour juger la cuisson du cake, piquez avec un couteau : si la lame est sèche, il est cuit ; sinon, poursuivez un peu la cuisson.
4. Démoulez et laissez refroidir sur une grille.

Pour 8 parts
20 min de préparation
45 min de cuisson

12 noix de saint-jacques
1 blanc de poireau
60 g de beurre (à température ambiante)
180 g de farine
1 sachet de levure chimique
2 doses de safran en poudre
3 œufs
15 cl de lait entier
Sel, poivre

Matériel
Moule à cake
Grille

SOUPE AUX POIREAUX ET À L'AIL

Pour 6 personnes
30 min de préparation
50 min de cuisson

2 têtes d'ail
4 pommes de terre moyennes
2 blancs de poireaux
2 cubes de bouillon de volaille bio + 1 l d'eau
10 cl de crème fleurette
25 g de beurre
Huile d'olive
Sel et poivre du moulin

Pour accompagner
6 tranches de prosciutto
4 cuil. à café de crème épaisse

Matériel
Plaque du four
Papier sulfurisé
Mixeur

1. Préchauffez le four à 180 °C (th. 6). Pelez les têtes d'ail, coupez-les en deux et ôtez le germe de chaque gousse. Versez dans une casserole et couvrez d'huile d'olive. Faites mijoter à feu très doux : l'huile doit seulement frémir et non bouillir. Égouttez l'ail lorsqu'il a atteint une belle couleur caramel, puis laissez refroidir.
2. Disposez sur la plaque tapissée de papier sulfurisé les tranches de prosciutto. Enfournez pour 10 min.
3. Épluchez les pommes de terre et coupez-les en cubes d'environ 2 cm. Ôtez les extrémités des poireaux ainsi que la partie verte. Coupez les blancs en deux dans la longueur, rincez-les sous l'eau froide, puis émincez-les sur une épaisseur d'environ 1 cm.
4. Dans une cocotte, faites fondre le beurre avec 2 cuil. à soupe d'huile d'olive, ajoutez les poireaux émincés. Faites revenir sur feu moyen en remuant régulièrement pendant 10 min, puis versez le bouillon, les pommes de terre et l'ail. Ajoutez 2 belles pincées de sel, couvrez et portez à ébullition, puis baissez à feu doux et laissez cuire 20 à 25 min jusqu'à ce que tous les légumes soient bien cuits.
5. Égouttez grossièrement les légumes (en conservant le bouillon de cuisson), puis mixez-les avec la crème fleurette et versez au fur et à mesure le bouillon afin d'ajuster au mieux l'onctuosité. Rectifiez l'assaisonnement si nécessaire.
6. Servez chaud avec 1 cuil. à café de crème épaisse, 1 morceau de prosciutto croustillant et décorez avec du poivre du moulin.

GRATIN DE POIREAUX, TOMATES ET MOZZARELLA

Pour 6 personnes
20 min de préparation
20 min de cuisson

1 kg de poireaux
2 gousses d'ail
1 boîte de tomates pelées (400 g)
8 feuilles de basilic
200 g de mozzarella
1 branche de thym
2 cuil. à soupe d'huile d'olive
Sel, poivre du moulin

Matériel
Plat à gratin

1. Préchauffez le four sur la position gril ou à 250 °C (th. 8-9). Épluchez les poireaux, coupez-les en deux dans le sens de la longueur et lavez-les soigneusement. Coupez-les ensuite en tronçons de 5 cm. Faites cuire les poireaux 10 min à la vapeur.
2. Épluchez et hachez les gousses d'ail. Coupez les tomates en morceaux. Faites revenir les tomates et l'ail dans une poêle avec l'huile d'olive. Ajoutez les poireaux et laissez cuire 5 min.
3. Mettez les poireaux à la tomate dans le plat à gratin. Salez, poivrez. Lavez et ciselez le basilic et disposez-le sur les poireaux. Recouvrez de tranches de mozzarella et de thym effeuillé.
4. Faites dorer le gratin 5 min sous le gril ou à 250 °C (th. 8-9).

RISOTTO DE POIREAUX

1. Pelez et émincez l'oignon. Dans une poêle, faites-le revenir avec un peu d'huile. Lavez et émincez les poireaux, ajoutez-les dans la poêle et laissez cuire 10 min. Versez un peu d'eau si besoin.
2. Versez le riz, mélangez bien et déglacez avec le vin blanc. Laissez l'alcool s'évaporer, puis versez l'eau additionnée du cube de bouillon. Remuez de temps en temps.
3. En fin de cuisson, quand l'eau est presque totalement absorbée, ajoutez le parmesan et le beurre.
4. Laissez reposer 10 min puis remuez bien. Servez bien chaud

Pour 2 personnes
15 min de préparation
30 min de cuisson

1 oignon
2 poireaux
200 g de riz à risotto
10 cl de vin blanc
1 l d'eau chaude
1 cube de bouillon de légumes
80 g de parmesan fraîchement râpé
20 g de beurre
Huile d'olive

STAUB
STAUB

POIREAUX MIJOTÉS À LA CRÈME ET AU BLEU

Pour 4 personnes
15 min de préparation
40 min de cuisson

600 g de poireaux (pas trop gros)
2 échalotes
30 cl de crème fraîche
20 cl de bouillon de légumes
1 cuil. à soupe rase de Maïzena
100 g de fromage bleu
4 cuil. à soupe de parmesan râpé
4 belles pincées d'emmental râpé
Huile d'olive
Sel, poivre du moulin

Matériel
Écumoire

1. Lavez les poireaux sous l'eau courante, ne prenez que les blancs, puis coupez-les en tronçons de 3 ou 4 cm. Préchauffez le four à 180 °C (th. 6).
2. Faites cuire les poireaux coupés dans une casserole d'eau bouillante salée pendant 10 min, puis égouttez-les. Épluchez puis hachez les échalotes. Dans un bol, mélangez la crème fraîche, le bouillon et la Maïzena.
3. Dans une cocotte, faites chauffer un peu d'huile. Faites dorer les poireaux et les échalotes pendant 10 min avec du sel et du poivre. Ajoutez le mélange crème-bouillon-Maïzena. Portez à ébullition quelques instants. Salez et poivrez. Sortez du feu, puis ajoutez les fromages.
4. Couvrez et enfournez pour 25 à 30 min de cuisson. Servez les poireaux bien chauds dans leur cocotte de cuisson.

VARIANTE
Si vous n'avez pas de four ou que vous ne voulez pas le mettre en route, faites cuire cette cocotte de poireaux directement sur le gaz, à feu très doux, pendant au moins 30 min.

FLAMICHE POIREAUX-LARDONS

Pour 6 personnes
20 min de préparation
45 min de cuisson

1 pâte brisée
150 g de lardons
2 poireaux
80 g de gruyère râpé
10 g de beurre

Appareil à quiche
2 œufs
25 cl de crème liquide
10 cl de lait
1 pincée de noix muscade
Sel, poivre

Matériel
Moule à tarte

1. Nettoyez et émincez les poireaux. Dans une poêle, faites fondre le beurre et faites revenir les poireaux pendant 10 à 15 min (versez un peu d'eau si besoin). Ajoutez les lardons et laissez cuire 5 min, puis ôtez du feu.
2. Préchauffez le four à 180 °C (th. 6). Disposez la pâte dans le moule. Disposez le contenu de la poêle sur le fond de tarte.
3. Préparez l'appareil à quiche. Dans un saladier, fouettez les œufs, la crème et le lait. Salez, poivrez et ajoutez la muscade. Disposez ce mélange sur les poireaux et les lardons, saupoudrez de fromage et enfournez pour 45 min de cuisson.

22 LE POTIMARRON EST UNE VARIÉTÉ DE POTIRON, DU NOM SCIENTIFIQUE *CUCURBITA MAXIMA*, IL SERAIT D'ORIGINE JAPONAISE OÙ IL EST APPELÉ KABOCHA. SA FORME ET SON GOÛT LUI ONT VALU LE SURNOM DE COURGE CHÂTAIGNE MAIS IL SE FAIT AUSSI APPELÉ POTIRON DOUX D'HOKKAIDO. APPARTENANT À LA FAMILLE DES CUCURBITACÉES, CETTE PLANTE RAMPANTE AVEC DES TIGES POUVANT MESURER JUSQU'À 3 M DE LONG, PORTE DE NOMBREUX FRUITS LOURDS ET PIRIFORMES. LEUR COULEUR VARIE DU ROUGE AU ROUGE BRIQUE, AU ROSE, EN PASSANT PAR LE BRONZE OU LE VERT ; LEUR CHAIR EST JAUNE ET FARINEUSE.

LES DIFFÉRENTES VARIÉTÉS

Parmi les différentes variétés de potimarron, il est possible de distinguer :

- le « Red Kuri » le plus courant, à la peau rouge brique et la chair jaune orangé ;
- le « Blue Kuri » à la peau bleutée et la chair jaune orangé ;
- le « Chestnut Bush » à la peau gris ardoise et la chair jaune orangé ;
- le « Galeux d'Eysines » variété ancienne portant des excroissances liégeuses, avec la peau rose et la chair jaune ;
- le « Golden Delicious » à la peau jaune et la chair jaune orangé ;
- le « F1 Bonbon » de forme ronde, avec la peau vert foncé et la chair jaune orangé ;
- le « F1 Tex 2110 » de petite taille et à la peau orange.

BIEN CHOISIR LE POTIMARRON

Entier, le potimarron se choisit lourd, dur et avec une peau sans tache. Vendu en tranches, la chair doit être d'une belle couleur uniforme, sans aucune trace brune et très ferme.

LES MODES DE CONSERVATION

Entier, le potimarron peut se conserver pendant plusieurs mois dans un endroit frais, sec et bien aéré. À température ambiante, il peut se conserver pendant plusieurs semaines.

Vendu tranché, il est préférable de le consommer le plus rapidement possible après son achat car il ne supporte que peu de temps le réfrigérateur : il pourra y être entreposé pendant 48 h au maximum. À savoir : ses teneurs en vitamines et en sucre augmentent avec le temps de stockage.

Une fois détaillé en petits morceaux, le potimarron supporte aussi très bien la congélation.

PRÉPARER LE POTIMARRON

Le potimarron est plus facile à préparer qu'une citrouille car il n'est pas nécessaire de l'éplucher. Après l'avoir lavé à l'eau courante et frotté pour enlever toute la terre, coupez-le en deux, ou en quatre, puis enlevez les graines à l'aide d'une cuillère. L'odeur des graines peut être surprenante ! Enfin, le potimarron peut être détaillé de multiples façons : entier, en cubes, en purée ou en lamelles.

CUISINER ET MARIER CE LÉGUME

Sa chair orangée, très fine et légèrement sucrée rappelle la saveur de la purée de châtaignes. Il peut être utilisé dans des plats aussi bien sucrés que salés et il se marie très bien avec certaines épices comme le curry, la muscade et la cannelle ou encore avec l'ail et le gingembre.

Le potimarron est très apprécié en potage, cuit au four, en purées, en cubes, frit ou même en tourtes. Il accompagne bien le foie de veau, les œufs et le fromage de chèvre. En dessert, il se transforme en délicieux gâteaux, flans et même en une confiture très parfumée.

LES MEILLEURS MOIS POUR LE CONSOMMER

Le potimarron se trouve sur nos étals du mois de septembre au mois de mars. Mais sa production est particulièrement importante au mois de novembre.

LES VERTUS DU POTIMARRON

Contrairement à ce que l'on pourrait penser, le potimarron est un légume assez peu calorique. Ses fibres stimulent doucement le transit intestinal et son taux record en provitamine A, deux fois plus que la carotte, est particulièrement recommandé pour la santé de la peau. Le potimarron est également une bonne source de vitamines C, D et E, ainsi que de minéraux et d'oligoéléments.

POTIMARRON

CONSERVATION

1-2 M

VALEUR ÉNERGÉTIQUE

30 KCAL / 100 G

CONSOMMATION

SEPT.
MARS

SOUPE DE POTIMARRON AU BEAUFORT

Pour 4 à 6 personnes
20 min de préparation
30 min de cuisson

1 potimarron
1 oignon
1 cube de bouillon de volaille bio + 1,5 l d'eau
100 g de beaufort
2 cuil. à soupe d'huile d'olive
Sel et poivre du moulin

Matériel
Écumoire
Blender

1. Pelez le potimarron, retirez les graines à l'intérieur et coupez-le en cubes. Épluchez et émincez l'oignon. Dans une cocotte, faites suer l'oignon dans l'huile d'olive avec 1 pincée de sel. Une fois qu'il devient translucide, ajoutez les cubes de potimarron, poursuivez la cuisson pendant 5 min en remuant régulièrement. Versez ensuite le bouillon. Couvrez et portez à ébullition, puis baissez à feu doux. Laissez cuire pendant 25 min jusqu'à ce que les légumes soient tendres.
2. Égouttez rapidement les cubes de potimarron avec une écumoire tout en gardant le bouillon de cuisson de côté. Mixez finement en versant petit à petit le bouillon jusqu'à l'obtention d'une consistance onctueuse.
3. Retirez la croûte du beaufort et taillez des bâtonnets de 2 cm d'épaisseur pour ensuite couper des fines lamelles de fromage. Déposez dans chaque assiette des lamelles de beaufort et versez par-dessus la soupe de potimarron. Servez chaud.

GRATIN DE POTIMARRON, SAUGE ET RICOTTA

1. Préchauffez le four à 200 °C (th. 6-7). Pelez et videz le potimarron. Coupez-le en dés d'environ 2 cm de côté. Faites-les cuire 15 min à la vapeur.
2. Dans un saladier, mélangez la ricotta, la crème fraîche, le parmesan et l'huile d'olive. Salez, poivrez. Ciselez la sauge et incorporez-la au mélange à la ricotta.
3. Dans un plat à gratin, disposez les cubes de potimarron. Recouvrez du mélange à la ricotta. Faites cuire 20 min à 200 °C (th. 6-7) jusqu'à ce que le gratin soit bien doré.

Pour 6 personnes
30 min de préparation
35 min de cuisson

1 potimarron moyen (environ 1 kg)
250 g de ricotta
20 cl de crème fraîche épaisse
50 g de parmesan
5 brins de sauge
2 cuil. à soupe d'huile d'olive
Sel, poivre du moulin

Matériel
Plat à gratin

GNOCCHIS AU POTIMARRON, SAUCE AU PARMESAN

Pour 4 personnes
30 min de préparation
30 min de réfrigérateur
25 min de cuisson

400 g de potimarron (un petit potimarron)
1 œuf
250 g de farine
Huile d'olive
Sel, poivre du moulin

La sauce au parmesan
15 cl de crème liquide
10 cl de lait
100 g de parmesan

Matériel
Presse-purée (facultatif)
Écumoire
Râpe

1. Coupez le potimarron en cubes et faites-les cuire pendant 15 min dans une casserole d'eau bouillante salée. Égouttez le potimarron et laissez-le refroidir. Dans un saladier, écrasez-le à la fourchette ou à l'aide du presse-purée.
2. Ajoutez l'œuf à la purée de potimarron et remuez. Salez, poivrez et versez la farine petit à petit jusqu'à obtention d'une pâte collante, mais ferme.
3. Farinez le plan de travail (il faut en mettre beaucoup) et façonnez un boudin de pâte assez long et fin. Découpez des morceaux tous les 2 cm environ et écrasez légèrement chaque boudin à l'aide d'une fourchette pour leur donner leur forme striée.
4. Laissez reposer les gnocchis bien farinés pendant 30 min au réfrigérateur.
5. Plongez les gnocchis dans une casserole d'eau frémissante salée. Ils remontent à la surface lorsqu'ils sont cuits. Sortez-les à l'aide de l'écumoire et déposez-les au fur et à mesure dans un plat. Versez 1 léger filet d'huile d'olive dans le plat de gnocchis pour éviter qu'ils ne collent entre eux.
6. Préparez la sauce au parmesan. Dans une petite casserole, versez la crème liquide et le lait. Râpez des copeaux de parmesan et ajoutez-les dans la casserole. Faites chauffer doucement de manière à faire fondre le parmesan. Remuez jusqu'à obtention d'une sauce bien lisse et versez-la sur les gnocchis. Servez bien chaud.

CONSEIL
Ajoutez quelques feuilles de basilic sur les gnocchis au moment de servir.

TARTE AU POTIMARRON

Pour 6 personnes
40 min de préparation
30 min de repos
40 min de cuisson

Pour la pâte
200 g de farine blanche
1 yaourt nature
2 cuil. à soupe d'huile d'olive
2 cuil. à soupe de graines de courge
Sel

Pour l'appareil
1 kg de potimarron
3 œufs
15 cl de crème liquide
10 cl de lait
100 g de tomme de Savoie

1. Préparez la pâte : dans un saladier, mélangez la farine avec du sel, puis ajoutez le yaourt et l'huile. Mélangez et versez un peu d'eau progressivement jusqu'à ce que la pâte soit homogène. Formez une boule et laissez reposer au frais 30 min.
2. Épluchez et émincez le potiron en gros cubes. Faites-les cuire à la vapeur. Une fois que le potiron est fondant, écrasez-le à la fourchette et réservez-le.
3. Dans un saladier, battez les œufs avec la crème et le lait, puis ajoutez le potiron. Salez et poivrez.
4. Sortez la pâte, étalez-la et disposez-la dans le moule. Coupez le fromage en tranches, puis tapissez le fond de tarte de fromage avant de verser la garniture.
5. Enfournez pour 40 min de cuisson. Servez chaud.

CONSEIL
À déguster avec une salade d'endives parsemée de graines de sésame.

RAVIOLIS DE CANARD ET POTIMARRON

Pour 4 personnes
30 min de préparation
50 min de cuisson

1,5 l de bouillon bio de légumes
50 g de beurre
40 g de parmesan râpé

Pâtes
1 paquet de pâte de raviolis fraîche ou surgelée
OU
150 g de farine
150 g de farine de châtaigne
3 œufs

Farce
500 g de potimarron
2 cuisses de confit de canard
1 gousse d'ail
2 pincées de noix muscade en poudre
Sel, poivre

Matériel
Plat à four
Mixeur
Écumoire

POUR CE SOIR

1. Préchauffez le four à 180 °C (th. 6). Préparez la pâte (voir p. 184) ou utilisez de la pâte de raviolis du commerce. Préparez la farce. Coupez le potimarron en deux, enlevez les pépins. Coupez ensuite chaque moitié en quatre. Faites-le cuire pendant 40 min dans un plat à four recouvert d'une feuille d'aluminium.
2. Mettez les cuisses de confit de canard dans un saladier posé sur une casserole d'eau frémissante pour les dégraisser. Ôtez la peau et désossez les cuisses de canard, puis hachez finement la chair.
3. Épluchez et ôtez le germe de la gousse d'ail. Enlevez la peau du potimarron cuit à l'aide d'un couteau. Mixez la chair avec la gousse d'ail. Salez, poivrez et ajoutez 2 pincées de noix muscade en poudre. Ajoutez le canard haché, mélangez et rectifiez l'assaisonnement. Laissez refroidir la préparation.
4. Confectionnez les raviolis garnis de farce (voir p.185).Faites cuire les raviolis *al dente* 3 min environ dans le bouillon frémissant, en les plongeant 4 par 4 dans la casserole afin qu'ils ne collent pas entre eux. Égouttez-les et mélangez-les avec le beurre et le parmesan râpé, puis servez immédiatement.

ASTUCE
Si vous utilisez de la pâte de raviolis du commerce, vous pouvez ajouter quelques marrons cuits concassés dans la farce.

23 **LE TOPINAMBOUR, DONT LE NOM SCIENTIFIQUE EST *HELIANTHUS TUBEROSUS L.*, EST AUSSI NOMMÉ ARTICHAUT DE JÉRUSALEM OU TRUFFE DU CANADA. PLANTE VIVACE APPARTENANT À LA FAMILLE DES ASTÉRACÉES, ELLE EST CULTIVÉE COMME LÉGUME POUR SA PARTIE SOUTERRAINE RICHE EN INULINE. ORIGINAIRE D'AMÉRIQUE DU NORD, SON TUBERCULE EST ALLONGÉ, DE FORME IRRÉGULIÈRE, À PEAU ROUGE, JAUNE OU VIOLACÉE ET SON ASPECT RAPPELLE LE GINGEMBRE. LONGTEMPS BOUDÉ CAR TROP ASSIMILÉ À LA DISETTE, SA CHAIR COULEUR CRÈME N'EN RESTE PAS MOINS DÉLICIEUSE ET ELLE EST DE PLUS EN PLUS APPRÉCIÉE.**

LES DIFFÉRENTES VARIÉTÉS

Les variétés de topinambours ne sont pas très nombreuses. Il est cependant possible d'en distinguer deux sortes :

- les topinambours de forme ronde et bosselée : ce sont les plus courants, parmi lesquels les « Stampede » et « Challenger » sont les plus connus ;

- les topinambours de forme allongée et à la surface lisse : leur saveur est réputée plus fine et ils sont plus faciles à peler. Les variétés « Fuseau » et « Volga 2 » sont les plus commercialisées et les plus recherchées par les gourmands et les pressés.

BIEN CHOISIR LES TOPINAMBOURS

Sélectionnez les topinambours fermes, d'une belle couleur homogène et avec une peau bien tendue. Attention à ne pas choisir des tubercules trop noueux car ils seront beaucoup plus difficiles à éplucher.

LES MODES DE CONSERVATION

Les topinambours se conservent très mal car ils se dessèchent vite. Cependant il est possible de les conserver pendant 2 à 3 jours dans le bac à légumes du réfrigérateur, mais placés dans un sachet plastique afin de les aider à garder leur taux d'humidité.

PRÉPARER LES TOPINAMBOURS

Les topinambours se préparent comme des pommes de terre : il est possible de les peler ou non. S'oxydant rapidement, il est vivement conseillé, une fois pelés, de les plonger dans de l'eau citronnée. Si la peau est conservée, il faudra bien la brosser. Elle peut être très appréciée car elle leur donne un goût plus prononcé.

CUISINER ET MARIER CE LÉGUME

Les topinambours se consomment aussi bien chauds que froids mais ils doivent toujours être cuits. À l'eau bouillante, à la vapeur, à la poêle, c'est cependant la cuisson à l'étuvée qui leur permettra de révéler toute leur saveur fine et sucrée.

Coupés en tranches fines assaisonnées de vinaigrette à la moutarde, ils forment de délicieuses salades. Peuvent s'y ajouter des œufs durs ou des coquilles Saint-Jacques auxquels ils se marient parfaitement. Les noisettes concassées ou l'huile de noisette sont leurs meilleures alliées.

Les topinambours sont très appréciés préparés simplement avec une noix de beurre, du persil et de l'échalote hachés. Ils se préparent aussi merveilleusement en gratins, flans et purées et s'associent délicatement aux viandes blanches comme le veau et le porc.

LES MEILLEURS MOIS POUR LE CONSOMMER

La meilleure période pour consommer les topinambours court du mois d'octobre au mois de décembre.

LES VERTUS DU TOPINAMBOUR

Moyennement calorique, le topinambour est reconnu pour son apport en vitamine B, indispensable au bon fonctionnement neuromusculaire. Il présente aussi un taux important de minéraux et d'oligoéléments et participe pleinement à la couverture des besoins quotidiens en potassium, en phosphore et en calcium. Source aussi de magnésium et de fer, le topinambour lutte efficacement contre les coups de fatigue. Riche en fibres combinées à l'insuline, un dérivé du fructose au fort pouvoir laxatif, le topinambour stimule parfaitement les fonctions liées à l'élimination.

TOPINAMBOUR

CONSERVATION

2-3 J

VALEUR ÉNERGÉTIQUE

73 KCAL / 100 G

CONSOMMATION

OCT.
DÉC.

TARTIFLETTE DE LÉGUMES

Pour 3 personnes
30 à 35 min de préparation
10 min de cuisson

10 pommes de terre
1 poireau
1 carotte
½ panais
2 topinambours
15 cl de crème liquide
½ reblochon
¼ de mont d'or
2 cuil. à soupe d'huile d'olive

Matériel
Plat à gratin

1. Dans une casserole d'eau bouillante, faites cuire les pommes de terre épluchées. Épluchez, lavez et émincez les légumes. Faites-les revenir 20 min dans une poêle avec l'huile d'olive. Ajoutez la crème et poursuivez la cuisson 10 à 15 min.
2. Préchauffez le four à 220 °C (th. 7 environ). Tranchez les fromages. Égouttez les pommes de terre, découpez-les en rondelles et disposez-les dans le plat à gratin. Ajoutez la poêlée de légumes, les fromages et enfournez pour 10 min, le temps que ça gratine bien.
3. Dégustez avec une salade de mâche.

VARIANTE
Pour un goût fumé, vous pouvez ajouter à la poêlée un bloc de tofu fumé coupé en dés.

CURRY DE LÉGUMES

Pour 4 personnes
20 min de préparation
40 min de cuisson

100 g de panais
100 g de topinambours
100 g de chou-fleur
2 oignons
30 g de beurre clarifié
200 g de lentilles (mélange de 3 couleurs)
1 cuil. à soupe de concentré de tomates
1 cuil. à soupe de sucre
1 cuil. à café de *garam masala*
1 cuil. à café de graines de moutarde
2 cuil. à soupe de noix de coco
Sel, poivre

1. Épluchez et lavez le panais et les topinambours. Coupez-les en petits cubes. Lavez et prélevez les sommités du chou-fleur. Épluchez et émincez les oignons.
2. Dans une cocotte, faites chauffer le beurre clarifié. Cuisez les oignons sans coloration, puis ajoutez les légumes. Mélangez et ajoutez les lentilles, 50 cl d'eau, le concentré de tomates, le sucre et les épices. Poursuivez la cuisson pendant 30 min. Servez bien chaud.

SUGGESTION
Servez ce curry de légumes avec un riz parfumé et de la noix de coco.

GRATIN DE TOPINAMBOURS

Pour 6 personnes
20 min de préparation
2 h à 2 h 30 de cuisson

1 kg de topinambours
1 gousse d'ail
20 cl de crème liquide entière
Noix muscade
10 g de beurre
Sel, poivre du moulin

Matériel
Mandoline (facultatif)
Plat à gratin

1. Préchauffez le four à 150 °C (th. 5). Épluchez les topinambours et rincez-les brièvement sous l'eau. Coupez-les ensuite en tranches fines à l'aide d'un couteau ou de la mandoline.
2. Frottez généreusement le plat à gratin avec la gousse d'ail coupée en deux. Disposez les rondelles de topinambours en couches successives, peu épaisses, que vous assaisonnerez de sel, de poivre du moulin et d'un peu de noix muscade fraîchement râpée.
3. Versez par-dessus la crème liquide. Les topinambours doivent être couverts juste à fleur, pas plus. Disposez quelques noisettes de beurre à la surface du gratin et enfournez à 150 °C (th. 5) entre 2 h et 2 h 30 selon votre four. N'hésitez pas à poursuivre un peu la cuisson : la surface doit être bien dorée et légèrement desséchée.

« Longtemps oublié, le topinambour est un légume qui gagne à être connu ! »

24 **LE RADIS NOIR, DE SON NOM SCIENTIFIQUE *RAPHANUS SATIVUS VAR. NIGER*, EST, COMME LE RUTABAGA, UNE PLANTE DE LA FAMILLE DES BRASSICACÉES À RACINE PIVOTANTE. PROBABLEMENT ORIGINAIRE D'ASIE MINEURE, IL EST AUSSI COURAMMENT APPELÉ RADIS D'ESPAGNE, RADIS D'HIVER, RAIFORT DES PARISIENS OU ENCORE RAIFORT CULTIVÉ. SOUVENT CONFONDU AVEC LE RAIFORT, IL EST LE PLUS GRAND ET LE PLUS RELEVÉ DES RADIS, RECONNAISSABLE À SA PEAU NOIRE ET À SA DÉLICIEUSE SAVEUR PIQUANTE. CE LÉGUME EST AUSSI TRÈS RÉPUTÉ POUR SES FONCTIONS DIGESTIVES.**

LES DIFFÉRENTES VARIÉTÉS

Il existe 3 grandes variétés de radis noirs :

- le radis noir « Long Maraîcher » : sa racine longue peut faire jusqu'à 20 cm ;
- le radis noir « Gros Long d'Hiver de Paris » : sa racine longue est d'environ 20 à 25 cm ;
- le radis noir « Rond d'Hiver » : sa racine ronde est plus courte et mesure environ 10 cm.

BIEN CHOISIR LE RADIS NOIR

Le radis noir doit être choisi de petite ou moyenne taille. Les grosses espèces sont à éviter car elles risquent d'être creuses. Le légume doit être lourd, avoir une peau uniforme et sans meurtrissures. Vendu souvent au poids, il est déconseillé de demander à ce qu'on le coupe car il se conserve mieux dans son entier.

LES MODES DE CONSERVATION

Le radis noir se conserve quelques jours, placé dans le bac à légumes du réfrigérateur, de préférence entouré d'un linge humide ou dans un sac en plastique perforé.

Attention, le radis noir se ramollit au bout de 2 ou 3 jours. Pour le terminer rapidement, il est possible de l'incorporer dans une soupe, dans une sauce pour l'apéritif ou de l'utiliser pour relever un plat.

PRÉPARER LE RADIS NOIR

Non traité, le radis noir n'a pas besoin d'être épluché : brossez-le, puis passez-le sous un filet d'eau. Il peut être ensuite détaillé de différentes façons : râpé, en rondelles, en cubes, en fines tranches, etc. Il se consomme le plus souvent cru.

Cependant il est possible de le faire cuire dans de l'eau bouillante, puis de le faire revenir dans du beurre.

Pour certaines préparations, il est conseillé de le saler et de le laisser dégorger avant de le cuisiner, sa teneur en eau étant très importante.

CUISINER ET MARIER CE LÉGUME

Le radis noir est très apprécié nature, accompagné d'un peu de sel, de beurre et de poivre noir. Pour alléger la recette, il est possible de remplacer le beurre par du fromage frais. Le radis noir est aussi délicieux servi avec d'autres crudités et un éventail de sauces comme l'houmous, le guacamole ou encore le tzaziki. On peut en faire de délicieuses rémoulades et, composé dans une salade, il relèvera le goût de cette dernière par son piquant.

Le radis noir est aussi une garniture très originale, mais non moins délicieuse, pour un poisson grillé ou une volaille rôtie. Il se marie aussi très bien aux œufs. Dans la cuisine d'Europe Centrale, il fait souvent office de condiment.

LES MEILLEURS MOIS POUR LE CONSOMMER

La meilleure période pour consommer le radis noir débute au mois d'octobre et se termine au mois de février.

RADIS NOIR À LA CRÈME

Pour 4 personnes
20 min de préparation

1 radis noir
2 cuil. à soupe de crème fraîche
1 citron (le jus)
Gros sel

1.Épluchez et râpez le radis noir, saupoudrez-le de gros sel et laissez reposez 20 min pour le dessaler.

2.Lorsqu'il a rendu son eau, mélangez-le à la crème et mettez au frais. Au moment de servir, versez le jus de citron et mélangez.

LES VERTUS DU RADIS NOIR

Le radis noir est reconnu pour ses fonctions digestives. C'est le légume « détox » par excellence ! C'est un aliment alcalinisant, nutritif et tonifiant. Peu énergétique, il est aussi riche en eau, en fibres favorables au transit intestinal et en sels minéraux (soufre, fer et iode). Source de vitamine C, il est aussi un bon allié contre les infections.

RADIS NOIR

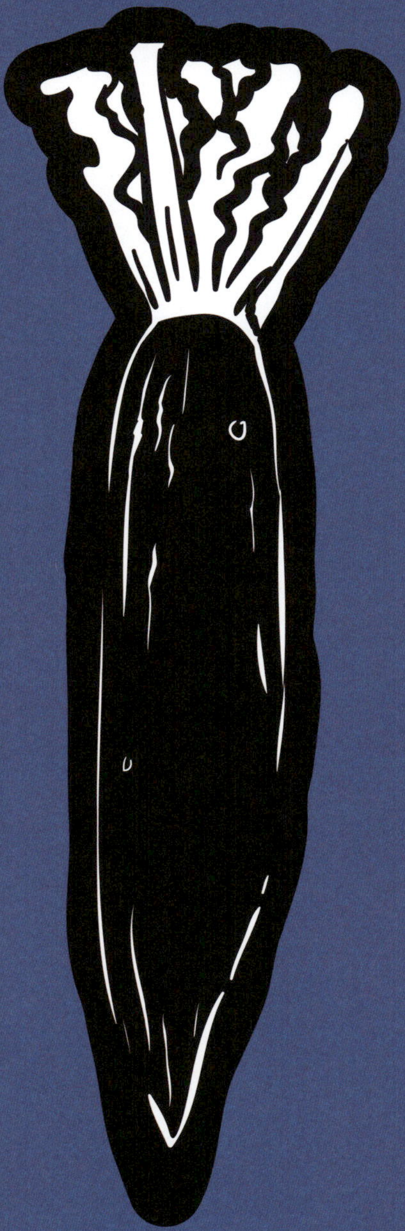

CONSERVATION

2-3 J

VALEUR ÉNERGÉTIQUE

18 KCAL / 100 G

CONSOMMATION

OCT. FÉVRIER

TIAN DE RADIS NOIR À LA VINAIGRETTE AUX HERBES

Pour 4 personnes
30 min de préparation
45 min de cuisson

2 radis noirs
2 cuil. à soupe de graines de sésame
1 filet d'huile d'olive

Vinaigrette
6 brins d'aneth
6 brins de coriandre
6 brins de persil
10 cl d'huile d'olive
½ citron (le jus)
1 gousse d'ail

Matériel
Plat à gratin

1. Préchauffez le four à 180 °C (th. 6). Épluchez et lavez les radis noirs. Vous pouvez également choisir de ne pas les éplucher. Coupez-les en rondelles de 5 mm d'épaisseur à l'aide d'un couteau. Faites cuire les rondelles de radis noir 15 min à la vapeur.
2. Huilez le plat à gratin, disposez ensuite, verticalement, les rondelles de radis noir. Faites cuire 30 min à 180 °C (th. 6).
3. Dans un bol, préparez la vinaigrette aux herbes. Lavez, effeuillez et ciselez finement l'aneth, la coriandre et le persil. Mélangez les herbes à l'huile d'olive et au jus de citron. Épluchez et hachez finement la gousse d'ail. Ajoutez-la à la vinaigrette.
4. Versez la vinaigrette sur le tian chaud, saupoudrez de graines de sésame et servez.

TIAN DE PATATES DOUCES, RADIS NOIR ET FENOUIL

1. Préchauffez le four à 160 °C (th. 5-6). Lavez et épluchez les légumes. Coupez-les en fines tranches à l'aide d'un couteau ou d'une mandoline.
2. Frottez généreusement le plat à gratin avec la gousse d'ail coupée en deux. Disposez les légumes verticalement, en les alternant, dans le plat. Versez l'eau et un généreux filet d'huile d'olive sur les légumes. Salez, poivrez. Enfournez pendant 1 h 30 à 160 °C (th. 5-6).
3. Dans une poêle sans matière grasse, faites griller quelques instants les graines de sésame noir. Avant de servir, saupoudrez-en le tian.

Pour 6 personnes
30 min de préparation
1 h 30 de cuisson

3 patates douces
1 chou-fleur
2 radis noirs
3 bulbes de fenouil
1 gousse d'ail
15 cl d'eau
1 cuil. à soupe de graines de sésame noir (ou blanc à défaut)
1 filet d'huile d'olive
Sel, poivre du moulin

Matériel
Mandoline (facultatif)
Plat à gratin

25 **L'ANANAS, DONT LE NOM SCIENTIFIQUE EST *ANANAS COMOSUS*, EST PRODUIT PAR LA PLANTE XÉROPHYTE DU MÊME NOM, APPARTENANT À LA FAMILLE DES BROMÉLIACÉES. ORIGINAIRE D'AMÉRIQUE DU SUD ET DES CARAÏBES, IL EST CONNU POUR SA CHAIR JUTEUSE, SUCRÉE ET TRÈS PARFUMÉE. ALLONGÉ ET SURMONTÉ D'UNE COURONNE DE FEUILLES PIQUANTES, IL SE CARACTÉRISE PAR UNE ÉCORCE RUGUEUSE COMPOSÉE D'ÉCAILLES BRUNES, SOUS LAQUELLE SE CACHE UNE DÉLICIEUSE CHAIR JAUNE.**

LES DIFFÉRENTES VARIÉTÉS

Il existe de très nombreuses variétés d'ananas, néanmoins il est possible d'en distinguer quatre :

le « Cayenne » ou « Cayenne lisse », variété la plus commercialisée, de taille importante, à la chair jaune d'or ferme, fibreuse, juteuse, acide et très sucrée à la fois ;

le « Queen », facilement reconnaissable par sa petite taille, à la chair jaune assez ferme mais moins acide et moins sucrée que « le Cayenne ». La variété cultivée à La Réunion, portant nom de « Queen Victoria », est délicieusement acidulé.

Le « Red Spanish », de taille moyenne, à l'écorce pourpre et à la chair pâle, acidulée et légèrement fibreuse, mais très parfumée ;

Le « Pernambuco », de taille moyenne, à la chair jaune très pâle, tendre, très sucrée et peu acide ;

BIEN CHOISIR L'ANANAS

L'ananas doit être choisi lourd, ferme et bien parfumé. Il est inutile de prendre en considération la couleur de l'écorce qui change en fonction de la variété. Un bon indice : ses feuilles doivent se détacher lorsque l'on tire dessus.

Les fruits sont cueillis avant leur complète maturité pour leur permettre de supporter le temps de transport : les ananas transportés par avion sont donc cueillis plus mûrs que ceux transportés par bateau.

LES MODES DE CONSERVATION

L'ananas se conserve bien à température ambiante pendant 2 à 3 jours. Comme beaucoup d'autres fruits exotiques, il supporte mal d'être placé dans le réfrigérateur. Surveillez que des tâches n'apparaissent pas car elles marquent le début de la fermentation. Il est aussi déconseillé le laisser d'autres fruits en contact, car il peut accélérer leur maturation.

Une fois préparé et coupé en dés, l'ananas peut facilement se congeler.

PRÉPARER L'ANANAS

Après avoir retiré les feuilles, posez l'ananas debout et ôtez l'écorce épaisse à l'aide d'un couteau, de haut en bas. Retirez les yeux restés encore présents dans la chair. Coupez-la en tranches dans le sens de la longueur de préférence, car la chair est plus sucrée à la base. Enfin, retirez la partie centrale, souvent dure.

CUISINER ET MARIER CE FRUIT

Parfumé et rafraîchissant, l'ananas est particulièrement apprécié en dessert. Il est délicieux servi nature ou dans une salade de fruits. Il s'intègre aussi à des desserts classiques comme le clafoutis, le crumble, la compote ou encore la tarte Tatin, leur offrant une jolie note exotique.

Dans des préparations salées, il se marie parfaitement avec la viande blanche, le poisson et les crevettes. Servi en brochette, il accompagne très bien le porc et le canard. Associé au curry et au lait de coco, il révèle toute sa saveur.

LES MEILLEURS MOIS POUR LE CONSOMMER

La meilleure période pour savourer un ananas s'étend du mois de décembre au mois de mars.

LES VERTUS DE L'ANANAS

D'un apport énergétique modéré, l'ananas est riche en vitamine C, en provitamine A et en vitamine E, qui associée à la vitamine C joue un rôle antioxydant. En conserve, l'ananas devient beaucoup plus calorique et perd une grande partie de ses vertus. L'originalité de ce fruit tient surtout au fait qu'il renferme de la broméline, une enzyme qui facilite la digestion des protéines.

ANANAS

CONSERVATION

2-3 J

VALEUR ÉNERGÉTIQUE

50 KCAL / 100 G

CONSOMMATION

DÉC.
MARS

ANANAS AU LAIT DE SOJA ET PERLES DU JAPON

Pour 4 verres
10 min de préparation
10 min de cuisson

40 cl de lait de soja
2 cuil. à soupe de perles du Japon
1 cuil. à soupe de sucre de palme
1 petite pincée de sel
1 ananas

Matériel
Blender
Passoire fine

RECETTE EXOTIQUE

1. Faites chauffer le lait de soja et ajoutez-y les perles du Japon. Laissez mijoter pendant environ 10 min. Sucrez avec le sucre de palme et ajoutez la toute petite pincée de sel. Laissez refroidir.
2. Pendant ce temps, préparez l'ananas (voir technique p.187), puis détaillez-le en 4 quartiers. Ôtez la partie fibreuse du milieu et prélevez la chair en la taillant en petits dés. Mettez-les dans le blender.
3. Filtrez le lait de soja sucré et parfumé. Versez-le sur l'ananas et mixez bien le tout.
4. Versez la boisson dans des verres givrés et répartissez les perles du Japon. Servez. C'est un délice !

CONSEIL
Les perles du Japon sont des petites billes translucides préparées à partir de tapioca. Elles fondent et roulent d'une façon délicieuse sous la dent. À essayer absolument !

VARIANTES
Vous pouvez remplacer l'ananas par de la mangue ou des rondelles de banane. Et pourquoi ne pas ajouter une banane à l'ananas ? Cela donnera plus de corps et d'onctuosité à la boisson. Vous pouvez également remplacer le lait de soja par du lait de coco.

COCOTTE D'ANANAS

Pour 4 personnes
15 min de préparation
30 min de cuisson

1 bel ananas mûr à point
2 noix de beurre demi-sel
4 cuil. à soupe pointues de sucre muscovado (en épiceries fines)
2 gousses de vanille
1 verre de rhum
1 verre de jus d'ananas (20 cl)
Quelques feuilles de menthe

1. Préparez l'ananas (voir technique p.187).
2. Dans une cocotte, faites chauffer, puis mousser le beurre à feu moyen. Ajoutez l'ananas entier et le sucre muscovado. Faites cuire l'ananas à feu pas trop fort pendant 15 min environ, en le tournant de temps en temps. Attention à ne pas laisser brûler le sucre.
3. Pendant ce temps, fendez les gousses de vanille en deux dans la longueur et grattez l'intérieur afin de récupérer les petites graines noires qu'elles contiennent. Mélangez-les au rhum.
4. Versez le rhum à la vanille, les gousses et le jus d'ananas dans la cocotte. Couvrez et laissez cuire 20 min, en retournant l'ananas de temps en temps.
5. Placez ensuite l'ananas sur une planche à découper et portez le jus de cuisson à ébullition pendant 1 à 2 min. Retirez les gousses de vanille.
6. Découpez l'ananas en grosses tranches. Répartissez-les dans des assiettes et nappez-les de sauce à la vanille. Puis, décorez-les avec les gousses de vanille coupées et quelques feuilles de menthe.

CONFITURE D'ANANAS À LA NOIX DE COCO

Pour 4 pots de 38,5 cl
20 min de préparation
1 nuit de repos
40 min de cuisson
6 à 8 mois de conservation

3 ananas (1,5 kg de chair)
10 cl de lait de coco
200 g de copeaux de noix de coco
1 kg de sucre de canne blond

Matériel
Bassine à confiture
Pots à confiture

1. La veille, épluchez l'ananas et coupez-le en petits cubes d'environ 2 cm de côté. Placez-les dans un saladier, versez le lait de coco et le sucre. Laissez macérer 1 nuit sans remuer.
2. Le jour même, placez le mélange de fruits dans la bassine à confiture et faites cuire 40 min à feu moyen. Pour vérifier la cuisson, plongez une cuillère en bois dans la confiture et ressortez-la. La confiture est cuite lorsque les gouttes qui tombent de la cuillère forment des petites perles.
3. 10 minutes avant la fin de la cuisson de la confiture, plongez les pots vides dans une grande casserole d'eau bouillante pendant 5 min. Égouttez-les et séchez-les. À la fin de la cuisson, ajoutez les copeaux de noix de coco dans la confiture, mélangez bien et remplissez les pots de la confiture encore chaude. Refermez-les et mettez-les aussitôt à l'envers jusqu'à refroidissement complet de la confiture.

26 L'AVOCAT, DE SON NOM SCIENTIFIQUE *PERSEA AMERICANA*, EST LE FRUIT DE L'AVOCATIER, UN ARBRE DE LA FAMILLE DES LAURACEAE. ORIGINAIRE DU MEXIQUE, CE FRUIT PIRIFORME A UNE PEAU VERTE OU MARRON, GRANULEUSE OU LISSE SELON LES VARIÉTÉS. SA CHAIR VARIE AUSSI, DE COULEUR JAUNE OU VERTE, MAIS ELLE RESTE TOUJOURS DOUCE ET ONCTUEUSE. ELLE ENTOURE UN GROS NOYAU ET SON GOÛT EST LAITEUX AVEC UNE LÉGÈRE NOTE DE NOISETTE.

LES DIFFÉRENTES VARIÉTÉS

Il existe plusieurs centaines de variétés d'avocats qui proviennent aujourd'hui de trois souches différentes : guatémaltèque, mexicaine et antillaise. En France, deux variétés sont principalement commercialisées :

- le « Fuerte », hybride guatémaltèque et mexicain, de petite taille, rappelant la forme d'une poire, à la peau fine et verte, et à la chair jaune pâle, douce et finement goûteuse. Il s'agit de la variété la plus commercialisée et la plus connue à travers le monde.

- le « Hass », guatémaltèque, de taille plus petite, brun à maturité, à la peau fine et granuleuse, et à la chair ferme, ayant une belle texture et n'étant pas fibreuse.

BIEN CHOISIR L'AVOCAT

L'avocat doit être principalement choisi en fonction du moment auquel il sera préparé Une fois cueilli, il continue à mûrir, on trouve donc des fruits à différents stades de maturité sur les étals. S'il doit être servi le jour-même alors sa chair doit être assez souple autour du pédoncule. Pour choisir un avocat « Hass », souvenez-vous que sa couleur doit tendre vers le brun !

LES MODES DE CONSERVATION

En fonction de leur degré de maturité, un avocat peut être conservé à température ambiante ou dans le bac à légumes du réfrigérateur. Ferme, il peut rester à l'air libre pendant 5 jours mais une fois bien mûr, il ne se conserve que 2 jours au réfrigérateur.

Pour le faire mûrir, il est conseillé de le placer dans un compotier à proximité des pommes ou des bananes, des fruits qui dégagent de l'éthylène et permettent la maturation accélérée. Vous pouvez aussi l'envelopper dans du papier journal.

PRÉPARER L'AVOCAT

L'un des atouts de l'avocat, est le peu de temps que demande sa préparation. Coupez-le en deux dans le sens de la longueur. Faites tourner chacun des hémisphères un sens pour que la chair se détache du noyau. Retirez ce dernier avec la pointe d'un couteau. Préparez ensuite l'avocat de la façon de votre choix : garni, en fines lamelles, en dés ou encore mixé. Une fois découpé, citronnez sa chair pour éviter qu'elle ne s'oxyde.

CUISINER ET MARIER CE FRUIT

Doux et crémeux, l'avocat est souvent apprécié nature, accompagné d'une simple vinaigrette. On peut aussi le servir en salade avec d'autres crudités ou, à l'apéritif sous forme de guacamole, spécialité mexicaine à base de purée d'avocat.

Il se marie parfaitement avec les épices comme le curry et le piment, ainsi qu'avec de l'ail ou des oignons, ou encore avec différentes herbes aromatiques. On peut aussi l'associer à la pomme, au citron et à la tomate. Il accompagne très bien le thon ou les fruits de mer.

Au Brésil et aux Philippines, l'avocat se prépare aussi en dessert avec du sucre, du citron et parfois de la crème.

LES MEILLEURS MOIS POUR LE CONSOMMER

La période idéale pour la consommation de l'avocat court sur les mois de novembre et de décembre.

AVOCAT AUX AGRUMES

Pour 4 personnes
20 min de préparation

2 avocats
1 orange
1 pamplemousse
1 citron (le jus)
Sel, poivre

1. Épluchez les avocats, puis émincez-les finement et disposez les tranches dans un plat. Arrosez-les de citron pour ne pas qu'elles ne noircissent. Salez, poivrez.
2. Levez les quartiers d'orange et de pamplemousse (voir p. 189). Intercalez-les avec les quartiers d'avocat. Servez très frais.

LES VERTUS DE L'AVOCAT

Nourrissant et calorique, l'avocat est riche en lipides et en vitamines A, B et E. Source importante d'acide gras mono-insaturés protégeant les artères, l'avocat favorise le renouvellement cellulaire et le bon fonctionnement cardiaque. Il aide aussi à lutter contre la sécheresse cutanée.

AVOCAT

CONSERVATION

5 J

VALEUR ÉNERGÉTIQUE

220 KCAL / 100 G

CONSOMMATION

NOV. DÉC.

TARTELETTES À L'AVOCAT, CHANTILLY COCO

Pour 6 personnes
30 min de préparation
10 min de cuisson
3 h de réfrigération

Fonds de tartelettes
150 g de spritz
50 g de petits-beurre
80 g de beurre fondu

Chantilly coco
20 cl de crème de coco (27% de matière grasse environ)
30 g de sucre glace

Crème d'avocat
6 avocats bien mûrs
2 feuilles de gélatine
20 cl de jus de citron
50 cl de lait concentré sucré
25 cl de crème liquide

Finition
2 kiwis
2 cuil. à soupe de pistaches non salées concassées

Matériel
Siphon
Mixeur ou blender
Batteur
6 moules à tartelettes

1. Préparez la chantilly coco. Mélangez la crème de coco et le sucre glace. Versez dans un siphon et laissez prendre au frais durant 2 h.
2. Préchauffez le four à 180 °C (th. 6). Préparez les fonds de tartelettes : faites fondre le beurre dans une casserole à feu doux ou quelques secondes au four à micro-ondes. Broyez les spritz et les petits-beurre dans un mixeur ou un hachoir électrique. Versez les miettes dans un saladier, incorporez le beurre fondu et recouvrez le fond des moules à tartelettes avec cette préparation. Tassez bien. Enfournez pour 7 à 8 min.
3. Préparez la crème d'avocat. Faites tremper la gélatine dans un bol d'eau froide. Enlevez la peau des avocats et coupez-les en dés. Dans une casserole, portez à ébullition le jus de citron. Hors du feu, ajoutez la gélatine bien essorée et mélangez. Ajoutez le lait concentré sucré. Mettez la crème de citron ainsi obtenue avec les morceaux d'avocat dans un blender et mixez l'ensemble en purée. Montez la crème liquide en chantilly à l'aide d'un batteur. Commencez à battre en faisant de grands mouvements pour incorporer un maximum d'air. Fouettez doucement au début puis accélérez au fur et à mesure que la crème épaissit. Mélangez délicatement cette chantilly et la purée à l'avocat. Nappez les fonds de tartelettes refroidis avec la crème d'avocat. Placez au frais 1 h avant de déguster.
4. Insérez une cartouche de gaz dans le siphon, retournez-le, secouez plusieurs fois et déposez une noix de chantilly coco sur la crème d'avocat. Épluchez et coupez les kiwis en rondelles. Décorez chaque tartelette de kiwi et de pistaches puis dégustez.

FRAÎCHEUR DE CAROTTE ET AVOCAT AU SOJA

Pour 4 verres
10 min de préparation

5 grosses carottes
2 branches de céleri
2 avocats
400 g de germes de soja
2 yaourts

Pour la présentation
Glaçons pilés
Bâtonnets de carotte et de céleri

Matériel
Centrifugeuse

1. Lavez les carottes et le céleri, et extrayez-en le jus avec la centrifugeuse.
2. Coupez les avocats en deux, prélevez-en la chair, puis placez-la dans la centrifugeuse, avec les germes de soja préalablement rincés et le yaourt. Ajoutez le jus de carotte et de céleri.
3. Mixez jusqu'à l'obtention d'une boisson onctueuse et mousseuse.
4. Servez dans un verre rempli jusqu'au tiers de glaçons pilés et décorez avec des bâtonnets de carottes et de céleri.

27 LA BANANE, DE SON NOM SCIENTIFIQUE *MUSA* FRUIT DE FORME OBLONGUE, TIRE SON NOM DU MOT « BANANA » QUI SIGNIFIE « DOIGT » EN BANTOU. ELLE APPARTIENT À LA FAMILLE DES MUSACÉES. ORIGINAIRE D'ASIE DU SUD-EST, ELLE EST LE FRUIT DÉRIVANT DE L'INFLORESCENCE DU BANANIER. LISSE, SA PEAU CHANGE DE COULEUR SUIVANT LES VARIÉTÉS : JAUNE, PARFOIS MOUCHETÉE DE BRUN OU ROSE. SA CHAIR, LÉGÈREMENT FARINEUSE, RESTE BLANCHE ET SUCRÉE.

LES DIFFÉRENTES VARIÉTÉS

Il est possible de distinguer deux grandes catégories de bananes :

- les bananes fruits : elles sont très sucrées et il existe des centaines de variétés. Les principales sont les bananes « Grande naine », « Gros Michel », « Poyo »ou encore « Cavendish ». Elles peuvent être courtes et violacées, mais sont plus généralement longues, jaunes et parsemées de taches brunes.

- les bananes légumes ou plantain : elles sont plus grosses et moins sucrées que les bananes fruits. Elles se consomment uniquement cuites. On les retrouve dans la cuisine créole, sud-américaine et africaine.

BIEN CHOISIR LES BANANES

Les bananes doivent se choisir fermes, lisses et avec des queues cassantes. Il est souvent conseillé de les acheter à différents stades de maturité. Plus les bananes sont colorées, plus elles sont mûres et doivent être mangées rapidement. Si vous souhaitez les conserver quelque temps, choisissez-les vertes, elles muriront à température ambiante. Brunes ou noires, elles ont dépassé leur stade de maturité et leur chair risque d'être visqueuse. Attention, les bananes mangées trop vertes peuvent se révéler indigestes !

LES MODES DE CONSERVATION

Les bananes vertes se conservent longtemps à température ambiante et continuent ainsi de mûrir. Pour assurer une transformation en douceur, il est conseillé de les suspendre à un crochet, ou au contraire de les emballer dans du papier journal si le but est d'accélérer leur processus de maturation. Elles supportent mal le froid : leur évolution s'interrompt et la couleur de leur peau vire très vite au brun, puis au noir. Le réfrigérateur est donc à éviter !

Pour les congeler, il est fortement recommandé de les réduire en purée et d'y ajouter un peu de jus de citron. Vous pourrez ensuite utiliser cette purée de bananes pour la préparation de gâteaux ou de compotes.

PRÉPARER LES BANANES

Les bananes doivent être épluchées à la dernière minute car leur chair s'oxyde rapidement au contact de l'air. Il est important de les citronner au fur et à mesure pour ralentir le processus. Les bananes peuvent être cuisinées dans leur entier, coupées en rondelles, en tranches, en cubes ou même écrasées.

CUISINER ET MARIER CE FRUIT

Les bananes sont très appréciées en dessert, servies telles quelles, mais aussi en gâteaux, tartes, beignets, mousses ou glaces. Elles sont délicieuses préparées en salade de fruits et se marient très bien aux fraises, aux pommes et aux kiwis. Dans un plat salé, elles font de parfaites garnitures pour la viande de porc, de volaille et pour des poissons grillés. Elles s'accommodent délicieusement avec le gingembre, la cannelle, la vanille, le chocolat, le rhum, la crème et le beurre. Enfin, on peut également les consommer séchées !

LES MEILLEURS MOIS POUR LE CONSOMMER

La meilleure période pour consommer les bananes court du mois d'octobre au mois de décembre.

BANANES FLAMBÉES

Pour 4 personnes
5 min de préparation
5 min de cuisson

4 bananes
1 noisette de beurre
Sucre de canne
2 cuil. à soupe de rhum

1. Épluchez les bananes et coupez-les en deux dans le sens de la longueur. Dans une poêle faites fondre le beurre et faites dorer les bananes à feu moyen pendant 2 min de chaque moitié.
2. Saupoudrez de sucre pour qu'elles se caramélisent. Versez le rhum dans la poêle. Enflammez-le et arrosez les bananes de rhum. Servez immédiatement.

LES VERTUS DE LA BANANE

La banane est reconnue pour sa richesse en glucides et en fibres. Son importante teneur en magnésium, sélénium, fer et vitamines B et C est également à souligner. Elle est un aliment important pour les personnes en période de croissance et pour celles fournissant des efforts physiques conséquents. Elle combine sucres rapides et sucres lents, ce qui permet à ses consommateurs d'assurer une certaine endurance. Sa richesse en potassium apporte une aide efficace contre les crampes.

BANANE

CONSERVATION	VALEUR ÉNERGÉTIQUE	CONSOMMATION
2-3 J	89 KCAL / 100 G	OCT. DÉC.

GÂTEAU À LA BANANE

Pour 1 gâteau
25 min de préparation
40 min de cuisson

3 bananes bien mûres
1 yaourt nature
150 g de beurre pommade
200 g de cassonade
3 œufs
300 g de farine
1 sachet de levure chimique
1 pincée de sel

1. Préchauffez le four à 180 °C (th. 6). Dans un petit saladier, écrasez les bananes avec le yaourt. Dans un autre saladier, mélangez le beurre avec la cassonade, jusqu'à obtention d'un mélange homogène. Ajoutez alors un à un les œufs, puis les bananes. Versez ensuite la farine, la levure et le sel. Mélangez bien pour homogénéiser le tout.
2. Versez ensuite la pâte dans un moule à gâteau graissé. Enfournez pour 40 min de cuisson. Le gâteau est cuit lorsque la pointe d'un couteau enfoncée à cœur en ressort humide mais propre. Sortez le gâteau du four et laissez-le ensuite refroidir avant de le démouler et de le servir.

COMPOTE MINUTE DE BANANES AU RHUM ET AUX ÉPICES

Pour 6 personnes
10 min de préparation
10 min de repos
25 min de cuisson

6 bananes bio bien mûres
2 cuil. à soupe de rhum
6 cuil. à soupe de sirop de sucre de canne
½ cuil. à café de gingembre en poudre
½ cuil. à café de cannelle en poudre
1 cuil. à soupe de jus de citron
2 gousses de vanille

Matériel
Papier cuisson

1. Préchauffez le four à 190 °C (th. 6-7). Dans un bol, mélangez le rhum, le sirop de sucre de canne, le gingembre, la cannelle, le jus de citron et les gousses de vanille coupées en deux et grattées à l'aide de la pointe d'un couteau. Laissez macérer ce mélange 10 min avant utilisation.
2. Coupez une bande de la peau des bananes et réservez la bande. Dans leur peau, par l'ouverture que vous avez faite, coupez les bananes en tronçons d'environ 1 cm de large. Versez le mélange épicé (sauf la gousse grattée) sur les bananes et replacez la bande de peau pour refermer.
3. Formez, à l'aide du papier cuisson, 3 papillotes de 2 bananes épicées chacune. Fermez hermétiquement, puis enfournez pour 25 min de cuisson.

CONSEIL

Cette compote se prépare dans la peau du fruit, lors d'une cuisson à l'étuvée. On obtient une compote tout en préservant la forme du fruit : à déguster sans attendre !

BEIGNETS DE BANANE

Pour 4 personnes
30 min de préparation
1 h de repos

4 bananes

Pâte à beignets
2 œufs entiers
100 g de farine de manioc (tapioca)
100 g de farine de riz
½ cuil. à café de levure
20 g de sucre de coco
25 cl de lait
2 pincées de sel fin
Huile pour la friture

Matériel
Friteuse
Batteur
Film alimentaire

1. Préparez la pâte à frire : cassez les œufs et séparez les blancs des jaunes. Dans un saladier, disposez les farines, la levure, le sucre, 1 pincée de sel, les jaunes d'œufs et le lait. Mélangez. Couvrez de film alimentaire et laissez reposer au frais pendant 1 h.
2. Montez les blancs en neige avec 1 pincée de sel. Incorporez délicatement les blancs à la pâte.
3. Pelez les bananes et coupez-les en deux.
4. Faites chauffer l'huile dans la friteuse. Trempez chaque morceau de banane dans la pâte à beignets. Laissez-les cuire jusqu'à obtenir une jolie coloration. Attention, le beignet a tendance à rester au fond de la cuve.
5. Après cuisson, égouttez-les soigneusement et dégustez !

« Pour accélérer le processus de maturation, emballez les bananes dans du papier journal. »

28 LA CLÉMENTINE, DE SON NOM SCIENTIFIQUE *CITRUS CLEMENTINA*, EST LE FRUIT DU CLÉMENTINIER DE LA FAMILLE DES RUTACÉES. CE FRUIT EST UN HYBRIDE OBTENU EN 1902 D'UN CROISEMENT ENTRE UNE MANDARINE ET UNE ORANGE PAR LE PÈRE CLÉMENT, ALORS MISSIONNAIRE EN ALGÉRIE. PETIT AGRUME ROND ET FERME, SON ÉCORCE ORANGÉE EST FINE ET NE SE DÉTACHE PAS FACILEMENT. SA CHAIR EST TRÈS APPRÉCIÉE CAR ELLE EST JUTEUSE, ACIDULÉE, MAIS AUSSI TRÈS SUCRÉE ET SANS PÉPIN !

LES DIFFÉRENTES VARIÉTÉS

Il existe de nombreuses variétés de clémentines, parmi lesquelles il est possible de distinguer plusieurs :

- la « clémentine fine », cultivée en Corse, à la peau très fine mais difficile à ôter, ronde et de petit calibre, d'une belle couleur orange parfois légèrement verte ;

- les clémentines « Caffin » et « Carte Noire », obtenues par mutation naturelle, cultivées au Maroc, prenant une couleur rouge prononcée arrivées à maturité ;

- les clémentines espagnoles « Oroval » et « Oronules », d'une taille plus grosse que les autres variétés et à la peau plus rugueuse ;

- les clémentines « Hermandia » et « Nour », de petite taille, à la peau fine et présentant des reflets verts.

BIEN CHOISIR LES CLÉMENTINES

Les clémentines doivent être choisies fermes, lourdes et avec une peau bien adhérente. La couleur et l'épaisseur ne sont pas à prendre en compte car elles changent en fonction de leur variété et non de leur degré de maturité. Pour utiliser leur écorce en zestes, mieux vaut choisir des fruits non traités.

LES MODES DE CONSERVATION

Les clémentines se gardent de préférence dans le bac à légumes du réfrigérateur afin qu'elles ne se dessèchent pas. Elles peuvent être conservées ainsi une bonne semaine. À l'air libre, elles se conserveront que pendant 3 ou 4 jours.

PRÉPARER LES CLÉMENTINES

Les clémentines se préparent très simplement : il suffit de retirer leur peau à la main, puis de détacher délicatement leurs quartiers. Elles peuvent aussi être pressées, une fois coupées en deux.

CUISINER ET MARIER CE FRUIT

Les clémentines sont le plus souvent consommées natures, comme fruit de table. Elles se mêlent cependant très délicatement aux salades, sucrées comme salées, et constituent de délicieux desserts préparées en crème, glace ou flan.

Râpée finement ou confite, l'écorce apporte son parfum envoutant une fois incorporée à une pâte à gâteau ou une pâte à crêpes, ainsi que dans les brioches ou les pains au lait.

La clémentine peut aussi apporter sa note de délicatesse dans des préparations salées à base de crevettes, de gambas ou de homard. Ces mariages sont particulièrement réussis lorsqu'ils sont relevés de piment.

La clémentine est aussi très appréciée pour son jus au goût sucré, acide et doux à la fois.

LES MEILLEURS MOIS POUR LES CONSOMMER

Les clémentines les plus gouteuses sont installées sur les étals entre le mois de novembre et le mois de février.

MOUSSE DE CLÉMENTINE

Pour 4 personnes
10 min de préparation
10 min de cuisson
2 h de réfrigération

7 clémentines
70 g de sucre
1 citron (le zeste)
6 œufs

1. Prélevez le jus des clémentines, mélangez-le avec le sucre et le zeste du citron finement râpé. Ajoutez 3 cuil. à soupe d'eau et les jaunes des œufs, réservez les blancs.
2. Faites chauffer cette préparation au bain-marie et mélangez avec une cuillère en bois. Quand le mélange a épaissi, retirez du feu et réservez.
3. Battez les blancs en neige très ferme avec 1 pincée de sel. Mélangez délicatement la crème de clémentine avec les blancs sans les casser. Réservez au moins 2 h au frais avant de servir.

LES VERTUS DE LA CLÉMENTINE

Peu calorique, la clémentine est riche en vitamine C. Ses vertus tonifiantes lui permettent de protéger ses consommateurs des agressions extérieures. La clémentine est aussi une excellente source de minéraux et d'oligoéléments : sa forte teneur en calcium est nécessaire aux cellules osseuses. Le magnésium et le fer qu'elle contient, lui permettent aussi de jouer un rôle non négligeable dans la résistance des systèmes musculaire et nerveux. Les clémentines sont aussi riches en fibres douces qui ont la qualité d'activer tranquillement le transit intestinal.

CLÉMENTINE

CONSERVATION

3-4 J

VALEUR ÉNERGÉTIQUE

45 KCAL / 100 G

CONSOMMATION

NOV. FÉVRIER

ROULÉ SPÉCULOOS ET CLÉMENTINE

Pour 4 à 6 personnes
30 min de préparation
8 min de cuisson
2 h de repos

6 œufs
40 g de sucre en poudre
80 g de farine
50 g de spéculoos réduits en poudre
1 cuil. à café de cannelle
1 pincée de sel

Pour le clémentine curd
8 clémentines
20 g de Maïzena
60 g de sucre en poudre
2 jaunes d'œuf

Matériel
Batteur
Plaque du four
Papier sulfurisé
Film alimentaire

1. Préparez le *clémentine curd* : lavez et prélevez les zestes d'une clémentine (voir technique p.188) et pressez les 8 clémentines. Versez le jus et les zestes dans une casserole. Délayez le sucre en poudre, la Maïzena et les jaunes d'œufs légèrement battus. Mélangez bien à l'aide d'un fouet. Faites chauffer à feu doux sans cesser de remuer jusqu'à ce que le mélange épaississe. Couvrez au contact avec du film alimentaire et placez 2 h au frais.
2. Préchauffez le four à 180 °C (th. 6). Cassez les œufs en séparant les blancs des jaunes. Dans un saladier, fouettez vivement les jaunes d'œufs avec la moitié du sucre en poudre. Dans un autre bol, montez les blancs en neige avec le sel en versant petit à petit le reste de sucre. Incorporez délicatement les blancs aux jaunes. Dans un bol, mélangez la farine avec la poudre de spéculoos et la cannelle et versez le tout en pluie en soulevant délicatement la préparation.
3. Étalez la pâte de façon homogène sur 1 cm d'épaisseur sur la plaque tapissée de papier cuisson. Faire cuire pendant 8 min au four.
4. Déposez le biscuit et enroulez-le dans un torchon propre. Laissez-le refroidir avant de l'utiliser.
5. Déroulez-le et étalez la crème à la clémentine à l'aide d'une spatule. En vous aidant du torchon, enroulez à nouveau le biscuit. Coupez-le en tranches, puis servez-le aussitôt.

TARTELETTES GRANOLA AUX CLÉMENTINES

Pour 6 personnes
30 min de préparation
5 min de cuisson
1 h de réfrigération

Fonds de tartelettes
150 g de biscuits Granola
70 g de beurre demi-sel

Garniture
10 clémentines de Corse
50 g de sucre semoule
20 g de beurre
250 g de mascarpone
2 cuil. à soupe de sucre glace

Matériel
Mixeur
6 moules à tartelettes

1. Placez les biscuits dans le bol d'un mixeur et réduisez-les en miettes. Faites fondre le beurre dans une casserole à feu doux et versez-le sur les biscuits, mélangez bien. Versez la préparation dans 6 petits moules et tassez bien au fond en remontant sur les bords. La surface doit être homogène et très compacte. Placez ensuite au frais pendant 1 h.
2. Préparez la garniture. Retirez la peau des clémentines et récupérez les segments (voir technique p.189).
3. Dans une poêle, faites fondre le sucre à feu moyen. Lorsqu'il atteint une belle couleur caramel, ajoutez hors du feu le beurre en morceaux puis les segments de clémentine. Remettez sur feu moyen pendant 2 à 3 min pour caraméliser les clémentines.
4. Fouettez le mascarpone avec le sucre glace. Sortez les tartelettes du réfrigérateur, garnissez-les de mascarpone, répartissez les segments de clémentine caramélisés et servez.

SORBET À LA CLÉMENTINE

Pour 1 l de sorbet
15 min de préparation
2 min de cuisson
6 h de réfrigération
2 h de congélation

10 clémentines
20 cl d'eau
200 g de sucre
2 blancs d'œufs

Matériel
Presse-agrumes
Passoire fine
Batteur électrique
Sorbetière

TOUCHE DE FRAÎCHEUR

1. Pressez les clémentines pour récolter environ 50 cl de jus. Filtrez le jus à travers la passoire pour éliminer les pépins.
2. Portez l'eau et le sucre à ébullition dans une casserole pendant 2 min. Mélangez le jus des clémentines et le sirop. Laissez refroidir le sirop pendant 6 h au réfrigérateur.
3. Dans un saladier, montez les blancs d'œufs en neige à l'aide du batteur, puis incorporez-les délicatement à la préparation précédente.
4. Versez le mélange dans la sorbetière et lancez le cycle de turbinage. Si vous le souhaitez, placez ensuite le sorbet pendant 2 h au congélateur pour obtenir une texture plus ferme.

CONSEILS
Vous pouvez garder la pulpe des fruits, cela donnera encore plus de goût à votre sorbet. Servez-le avec un fondant au chocolat ou une mousse au chocolat noir.

29 **LE LITCHI, OU LETCHI, EST UN FRUIT PRODUIT PAR LE LITCHI CHINENSIS, UN ARBRE TROPICAL DE LA FAMILLE DES SAPINDACEAE. ORIGINAIRE DE CHINE, IL EST DE FORME RONDE ET DE LA TAILLE D'UNE MIRABELLE. SA PEAU À ÉCAILLES ROUGES ET ROSES RECOUVRE UNE CHAIR BLANCHE, LAITEUSE ET TRANSLUCIDE QUI RENFERME UN NOYAU LISSE ET BRUN. SEULE SA CHAIR EST COMESTIBLE ; ELLE MÊLE LES SAVEURS DE LA ROSE ET DU MUSCAT.**

LES DIFFÉRENTES VARIÉTÉS

Les Chinois ont identifié de très nombreuses variétés de litchis poussant à l'état sauvage depuis des millénaires. Il est assez difficile de les distinguer car une certaine confusion règne dans leurs appellations.

Cependant leurs noms, très poétiques, sont à l'image du fruit ou des caractéristiques de l'arbre : le « litchi rond », le « litchi au parfum de Xin Xing », le « litchi balancé par le vent », le « litchi rouge au mois de mars » ou encore le « litchi aux feuilles sombres ».

BIEN CHOISIR LES LITCHIS

Les litchis doivent avoir une coque dure, non craquelée et d'une couleur allant du rose au rouge. Les fruits bruns sont à éviter car c'est l'indice d'une trop grande maturité : ils ne se conserveront donc pas longtemps. Sélectionnez de préférence les fruits encore attachés à leur tige, sans trace de moisissure, ni odeur éthylique.

LES MODES DE CONSERVATION

Les litchis se conservent tels quels, dans leur coque, pendant 3 à 5 jours, dans le bac à légumes du réfrigérateur.

Ils peuvent également être congelés : retirez l'écorce et le noyau pour ne conserver que la chair blanche de chaque fruit. Conservez-les dans un sac de congélation ou dans un récipient adapté.

PRÉPARER LES LITCHIS

Ôtez leur coque, puis leur noyau. Vous pouvez les déguster dans leur entier ou les découper en fines rondelles et les intégrer à une préparation. La chair reste cependant difficile à travailler car elle est assez molle et juteuse.

CUISINER ET MARIER CE FRUIT

Le litchi est le plus souvent mangé cru en tant que fruit de table. Préparé en mets sucré, il peut aussi apporter son goût subtil à des salades de fruits, aux sirops ou aux desserts glacés.

Très apprécié en boisson, il est délicieux en simple jus, mais aussi mélangé à d'autres fruits, en cocktails alcoolisés ou non. Les alcools comme le champagne ou le Soho l'accompagnent particulièrement bien.

Dans un plat salé, le litchi apporte sa fraîcheur et son goût délicat à des poissons crus, à des fruits de mer ou à un magret de canard fumé.

LES MEILLEURS MOIS POUR LE CONSOMMER

La période de consommation les litchis correspond aux mois de novembre, de décembre et de janvier.

LES VERTUS DU LITCHI

Le litchi est un fruit énergétique : il contient des vitamines A, B et C ainsi que du calcium, du sodium et du fer. Il est reconnu pour ses vertus antalgiques nous aidant à lutter contre les maux de tête et de ventre. Reconnu pour sa capacité à améliorer la digestion, il contribue aussi à la tonicité de nos muscles. Sa forte teneur en vitamine C, presque équivalente à celle des agrumes, participe à la stimulation du système immunitaire. Ce fruit est également une très bonne source de potassium.

LITCHI

CONSERVATION	VALEUR ÉNERGÉTIQUE	CONSOMMATION
3-5 J	70 KCAL / 100 G	NOV. JANVIER

LASSI LITCHI ET GINGEMBRE

Pour 4 personnes
10 min de préparation

4 yaourts bulgares
25 cl de lait fermenté
25 litchis frais
1 racine de gingembre frais d'environ 10 cm
1 citron vert
4 cuil. à soupe de sucre de canne
½ cuil. à café de clous de girofle moulus
Glaçons

Pour la présentation
8 demi-litchis
4 rondelles de citron vert
1 tige de canne coupée en tronçons
Glaçons

Matériel
Râpe
Presse-citron
Mixeur ou blender
Piques en bois
4 grandes coupes ou verres à pied

RECETTE EXOTIQUE

1. Épluchez et dénoyautez les litchis. Épluchez la racine de gingembre et râpez-la finement. Rincez le citron vert et râpez finement le zeste ; pressez le fruit.
2. Faites dissoudre le sucre de canne dans le lait fermenté, et parfumez avec le zeste de citron et les clous de girofle en poudre.
3. Dans le blender, versez les yaourts, le lait fermenté aromatisé et le jus de citron. Ajoutez les litchis, le gingembre râpé et des glaçons. Mixez bien le tout et réservez au frais jusqu'au moment de servir.
4. Piquez 2 demi-litchis et 1 rondelle de citron vert sur 1 pique en bois. Versez le lassi sur un lit de glaçons, et plantez-y 1 morceau de canne à sucre coupé en deux dans le sens de la longueur.

CONSEIL
Si vous préparez le lassi à l'avance, émulsionnez-le légèrement au fouet avant de le servir.

RAVIOLIS DE LITCHIS ET FRAMBOISES, SIROP DE ROSE

Pour 4 personnes
30 min de préparation
2 min de cuisson

Pâtes
12 feuilles de pâte de raviolis fraîche ou surgelée
OU
200 g de farine
2 œufs

Farce
12 litchis
1 petite barquette de framboises

Sirop
1 l d'eau
250 g de sucre
4 cuil. à soupe de sirop de rose

1. Préparez la pâte (voir p. 184) ou utilisez de la pâte de raviolis du commerce.
2. Préparez la farce. Épluchez, dénoyautez les lichtis, puis coupez-les en petits morceaux. Lavez les framboises avec précautions.
3. Confectionnez les raviolis garnis de farce (voir p. 185). Répartissez 1 framboise par ravioli.
4. Préparez le sirop. Dans une casserole, portez à ébullition l'eau, le sucre et le sirop de rose.
5. Faites cuire les raviolis dans le sirop frémissant pendant 2 min puis égouttez-les. Servez immédiatement avec un peu de sirop puis parsemez de quelques framboises fraîches.

« Pour un dessert original, découvrez cette recette de pâtes sucrées ! »

COMPOTE DE FRAMBOISES ET LITCHIS

Pour 2 bocaux de 0,5 l
15 min de préparation
30 min de cuisson
1 an de conservation

1,5 kg de litchis (soit 1 kg de fruits épluchés et dénoyautés)
500 g de framboises surgelées
2 cuil. à soupe de miel d'acacia

Matériel
Mixeur
2 bocaux

1. Épluchez les litchis. Coupez-les en deux et ôtez les noyaux.
2. Placez les fruits et le miel dans une grande casserole et faites cuire 30 min à feu moyen. Remuez de temps en temps à l'aide d'une cuillère en bois pour éviter que la compote n'accroche.
3. Laissez légèrement tiédir la compote puis mixez-la pour obtenir une texture lisse.
4. Mettez en bocaux et procédez immédiatement au traitement thermique pendant 40 min à 100 °C.

30 **LE PAMPLEMOUSSE, DONT LE NOM SCIENTIFIQUE EST *CITRUS MAXIMA* EST UN FRUIT ORIGINAIRE DE MALAISIE. SON NOM VIENT DU NÉERLANDAIS « POMPLEMOES » QUI SIGNIFIE « GROS CITRON ». APPARTENANT À LA FAMILLE DES RUTACÉES, ON LE CONFOND SOUVENT AVEC LE POMÉLO, ORIGINAIRE DES CARAÏBES, PLUS PETIT. DE FORME ARRONDIE, LA PEAU DU PAMPLEMOUSSE COMME SA CHAIR VARIENT DU JAUNE AU ROSE FONCÉ. IL EST PARTICULIÈREMENT APPRÉCIÉ POUR SA PULPE TRÈS JUTEUSE, AU GOÛT ACIDE ET SUCRÉ À LA FOIS.**

LES DIFFÉRENTES VARIÉTÉS

Parmi les différentes variétés, il est possible d'en distinguer quatre :

- le pomélo blanc ou sanguin, avec sa chair blanche, sucrée et parfumée. C'est cette variété qui est injustement appelée « pamplemousse » dans nos marchés ;

- le pamplemousse blanc, de forme sphérique, aux extrémités légèrement aplaties, et bien plus gros qu'une orange. Sous sa peau jaune, sa chair a un goût acidulé et légèrement sucré (variétés : « Royal » et « Marsch d'Israël ») ;

- le pamplemousse rose, avec sa peau jaune, parfois rosée, sa chair rosée également, parfumée, sucrée et moins amer que celle du pamplemousse blanc (variétés : « Ruby » et « Red Blush ») ;

- le pamplemousse sanguin et sa chair allant jusqu'au rouge et plus sucrée que celle du pamplemousse rose.

BIEN CHOISIR LE PAMPLEMOUSSE

Le pamplemousse doit être choisi ferme et avec une peau bien lisse. Si sa peau est légèrement rosée, il sera probablement plus parfumé et plus juteux. Soupesez aussi le fruit : un pamplemousse lourd est généralement le signe d'un fruit gorgé de jus. Un fruit trop mou dont la peau est terne et flétrie est à éviter : déshydraté, sa chair risque d'être plus amère.

LES MODES DE CONSERVATION

Le pamplemousse se conserve pendant une semaine à température ambiante. Placé dans le bac à légumes du réfrigérateur, il peut se garder jusqu'à plusieurs semaines.

Pelé, le pamplemousse se congèle facilement, tout comme son jus.

PRÉPARER LE PAMPLEMOUSSE

Le pamplemousse se prépare de différentes façons, selon de la recette choisie. Pour détailler les quartiers, utilisez un couteau d'office pour le peler à vif et en extraire les quartiers délicatement. Pour l'évider, utilisez une cuillère à pamplemousse dont les bords dentelés vous permettront de récupérer un maximum de chair.

Pour le zester, utilisez un zesteur ou un économe pour prélever de fins copeaux de la peau du fruit lavé et séché. Si vous prévoyez d'en récolter le jus, laissez le fruit à l'air libre, puis faites-le rouler sur le plan de travail, en appuyant dessus avec la main. Coupez-le en deux et, à l'aide d'un presse-agrumes, pressez-le.

CUISINER ET MARIER CE FRUIT

Le pamplemousse est souvent utilisé de façon très simple, en entrée ou en dessert, légèrement saupoudré de cassonade.

Il accompagne agréablement différents types de salades, les fruits de mer comme les crevettes mais aussi les poissons. Ses quartiers grillés se marient aussi avec du poulet, relevé d'ail et de piment.

Le jus de pamplemousse, largement apprécié tel quel, peut aussi remplacer le vinaigre pour assaisonner une salade verte.

En dessert, coupé en quartiers, il permet de composer de délicieuses salades de fruits et ses zestes, non traitées, peuvent être préparées en confiture ou en fruits confits.

LES MEILLEURS MOIS POUR LE CONSOMMER

Le pamplemousse se savoure durant les mois de novembre et de décembre.

LES VERTUS DU PAMPLEMOUSSE

Le pamplemousse est particulièrement riche en vitamine C : il en contient autant que l'orange mais il est deux fois moins sucré ! Source de vitamine A, il favorise la croissance des os, des dents et permet de garder une peau en bonne santé. Son apport en cuivre n'est pas négligeable car il constitue plusieurs enzymes, notamment celles participant à la formation du sang et des tissus. Le pamplemousse est aussi apprécié pour ses propriétés dépuratives !

PAMPLEMOUSSE

CONSERVATION	VALEUR ÉNERGÉTIQUE	CONSOMMATION
7 J	40 KCAL / 100 G	NOV. DÉC.

TARTELETTES AUX POMMES, CRÈME DE PAMPLEMOUSSE

Pour 6 personnes
25 min de préparation
30 min de cuisson
1 h de réfrigération

1 pâte sablée
1 blanc d'œuf

Pamplemousse curd
1 pamplemousse
1 cuil. à soupe de Maïzena
80 g de sucre
3 œufs

Garniture
2 pommes Pink Lady
1 citron

Matériel
6 moules à tartelette
Presse-agrumes
Passoire fine
Mandoline ou économe-rasoir

1. Préchauffez le four à 180 °C (th. 6). Préparez 6 fonds de tartelettes et faites-les cuire à blanc environ 20 min. Afin de préserver le croustillant de la pâte, badigeonnez-la, avec un pinceau, de blanc d'œuf légèrement battu 5 min avant la fin de la cuisson.
2. Pressez le pamplemousse et filtrez les pépins. Dans un petit bol, diluez la Maïzena avec 2 cuil. à soupe de jus de pamplemousse. Versez dans une casserole cette préparation avec le jus de pamplemousse, le sucre, les œufs, battez le tout avec un fouet. Faites chauffer à feu doux sans cesser de remuer jusqu'à épaississement. Retirez du feu et laissez refroidir.
3. Garnissez les fonds de tartelettes avec la crème de pamplemousse. Placez au frais pendant 1 h minimum.
4. Lavez les pommes. Au moment de servir, pressez le jus de citron dans un récipient.
5. Coupez de fines lamelles de pomme à l'aide d'une mandoline ou d'un économe-rasoir et déposez-les dans le récipient avec le citron. Mélangez bien pour éviter que les pommes noircissent. Sortez les tartelettes du réfrigérateur. Déposez les lamelles de pomme sur la crème de pamplemousse, dégustez.

SORBET AU PAMPLEMOUSSE ROSE

Pour 1 l de sorbet
15 min de préparation
2 min de cuisson
6 h de réfrigération
2 h de congélation

Environ 5 pamplemousses roses
15 cl d'eau
150 g de sucre
1 blanc d'œuf

Matériel
Presse-agrumes
Passoire fine
Batteur
Sorbetière

1. Pressez les pamplemousses pour récolter environ 60 cl de jus. Filtrez le jus à travers la passoire pour éliminer les pépins.
2. Dans une casserole, faites chauffer l'eau et le sucre en poudre, puis portez à ébullition pendant 2 min. Mélangez le jus de pamplemousse au sirop. Laissez refroidir le sirop pendant 6 h au réfrigérateur.
3. Dans un saladier, montez le blanc d'œuf en neige à l'aide du batteur électrique, puis incorporez-le délicatement à la préparation précédente.
4. Versez le mélange dans la sorbetière et lancez le cycle de turbinage. Placez ensuite le sorbet pendant 2 h au congélateur pour obtenir une texture plus ferme.

CONSEIL
Pour une version alcoolisée, arrosez le sorbet de gin.

VIN DE PAMPLEMOUSSE

Pour 3 bouteilles
20 min de préparation
15 jours de macération

2 pamplemousses bio
1 litre de vin blanc sec
5 cl d'eau-de-vie à 45°
1 cuil. à café de chicorée en grains
200 g de sucre

Matériel
Grand bocal à couvercle hermétique
Râpe
Tamis fin, entonnoir et coton
3 bouteilles avec bouchons

RECETTE ARTISANALE

1. Lavez et essuyez les pamplemousses et râpez leur zeste (voir p. 188).
2. Versez le vin blanc et le zeste des pamplemousses dans le bocal bien propre et sec. Ajoutez la chicorée, le sucre et l'eau-de-vie. Fermez soigneusement et laissez macérer pendant 15 jours.
3. Au terme de ce délai, passez le liquide au tamis fin ou au travers d'une mousseline, puis mettez en bouteilles avec un entonnoir garni d'un coton épais. Bouchez bien et entreposez en cave.

CONSEIL
Les grains de chicorée donnent une jolie couleur ambrée au vin.

« Il faudra attendre une quinzaine de jours avant de déguster ce vin de pamplemousse, mais l'attente en vaut la peine. »

fait maison

PAS À PAS

TAILLER LES LÉGUMES

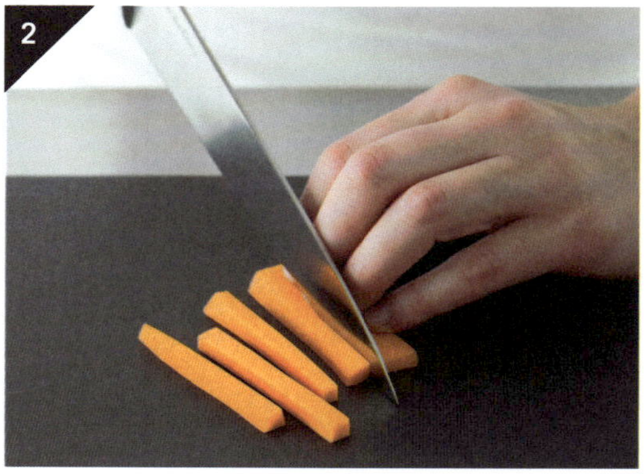

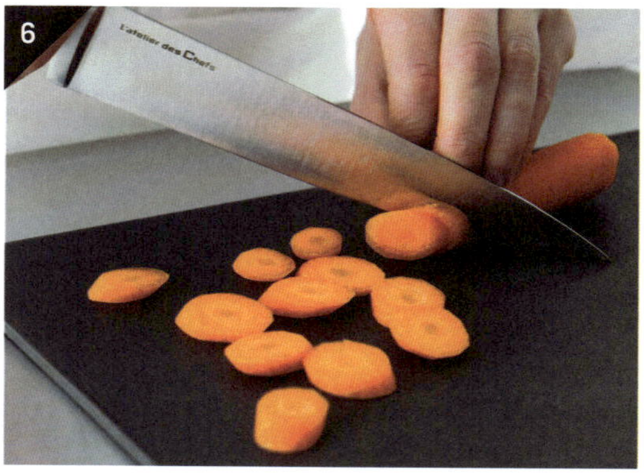

1. **Tailler en julienne :** taillez les carottes épluchées en tronçons réguliers d'environ 5 cm de longueur, émincez-les finement dans le sens de la longueur. Superposez les tranches ainsi obtenues et coupez-les dans le sens de la longueur en filaments très fins.

2. **Tailler en bâtonnets :** taillez les carottes épluchées en tronçons réguliers. Coupez-les en tranches régulières de 5 mm d'épaisseur. Superposez-les et coupez-les à nouveau dans le sens de la longueur en bâtonnets d'environ 5 mm d'épaisseur.

3. **Tailler en brunoise :** taillez des bâtonnets comme expliqué sur la photo précédente, réunissez-les en petits paquets et coupez-les en cubes réguliers de 5 mm de côté.

4. **Tailler en mirepoix :** taillez la carotte en deux dans le sens de la longueur. Disposez la face plate contre la planche. Taillez à nouveau la carotte en deux puis découpez des dés de 1 cm de côté.

5. **Tailler en paysanne :** taillez en deux la carotte dans le sens de la longueur, puis recoupez-la en deux toujours dans la longueur. Émincez-la finement pour obtenir des lamelles d'environ 1 mm d'épaisseur.

6. **Tailler en biseau :** émincez les carottes entières (en choisissant de préférence des carottes régulières) légèrement en diagonale.

ASTUCE

La taille des légumes est spécifique selon leur utilisation et leur cuisson. En général, plus la taille est fine, plus la cuisson est rapide.

RÉALISER UN BOUILLON DE LÉGUMES

2 oignons
4 carottes
200 g de champignons de Paris
1 blanc de poireau
Quelques brins de persil
1 gousse d'ail
Huile d'olive
Poivre du moulin

Matériel
Passoire fine

1. Dans une marmite, faites chauffer de l'huile d'olive et ajoutez 2 oignons, 4 carottes, 200 g de champignons de Paris et 1 blanc de poireau lavés, séchés et coupés en morceaux.
2. Faites cuire quelques minutes tout en remuant, jusqu'à une légère coloration, pour concentrer les saveurs.
3. Couvrez d'eau jusqu'à 2 cm au-dessus des légumes. Ajoutez quelques brins de persil, 1 gousse d'ail et le poivre puis portez à ébullition.
4. Faites cuire à frémissements 1 h à 1 h 30 sans couvrir pour faire réduire le bouillon d'un tiers environ.
5. Filtrez le bouillon à l'aide d'un chinois (passoire fine) et jetez les éléments solides restants. Si le bouillon n'est pas utilisé aussitôt, il est préférable de le faire refroidir rapidement sur des glaçons.

ASTUCE
Congelez votre bouillon pour le réutiliser quand bon vous semble.

PÂTE À PÂTES FRAÎCHES

1,4 kg de farine
8 g de sel
4 gros œufs extra-frais
5 cl d'huile

Matériel
Robot
Laminoir à pâtes

1. Mettez la farine et le sel en fontaine dans la cuve d'un robot. Cassez les œufs au milieu, versez l'huile d'olive. Mélangez avec le crochet du robot pour obtenir une pâte homogène (vous pouvez également la préparer à la main). Formez une boule, placez-la 2 h au frais pour la faire reposer.
2. Sortez la pâte, séparez-la en plusieurs petits morceaux, commencez à les étaler avec un rouleau à pâtisserie, puis passez-les à la machine à pâtes en commençant par l'écartement le plus large. Recommencez l'opération en réduisant l'écartement au fur et à mesure pour l'abaisser de plus en plus finement, sans oublier de fariner la pâte à chaque fois.
3. Formez les pâtes selon vos besoins (dans le laminoir coupant pour les tagliatelles, spaghettis, etc.). Faites sécher les pâtes en les suspendant à un séchoir ou sur un morceau de bois propre pendant au moins 6 h avant de les faire cuire.

RAVIOLES AVEC LE MOULE

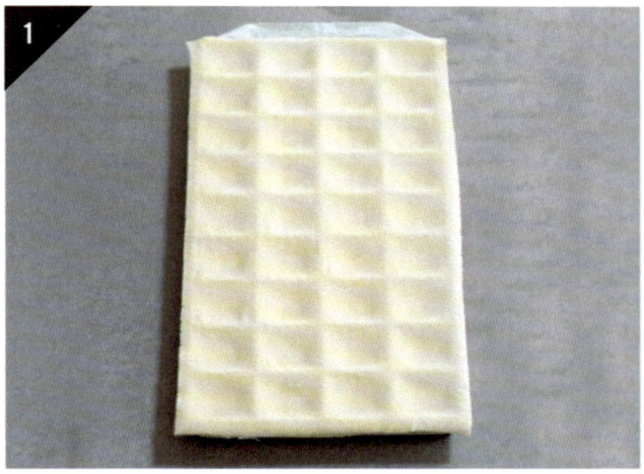

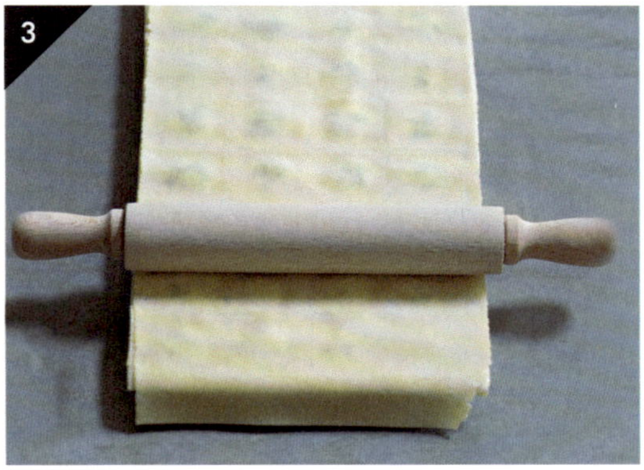

1. Saupoudrez le moule de farine puis placez une feuille de pâte dessus.
2. Remplissez les empreintes de farce.
3. Recouvrez d'une autre feuille de pâte. À l'aide d'un petit rouleau à pâtisserie, commencez à aplatir au centre et roulez jusqu'à ce que tous les raviolis soient bien fermés. Retournez le moule et détachez les raviolis.

RAVIOLES SANS LE MOULE

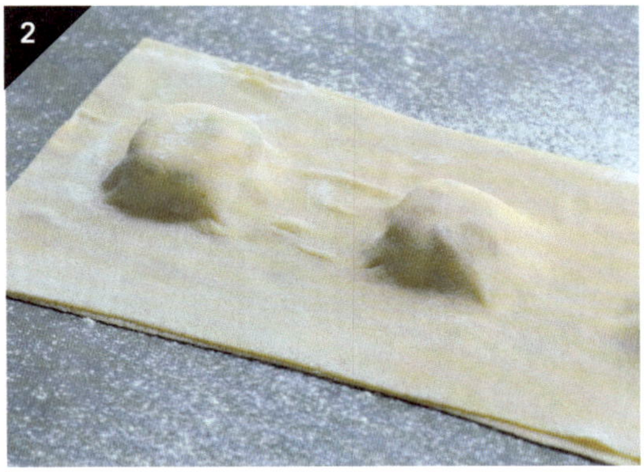

1. Étalez la pâte finement. Déposez de la farce au milieu de la feuille de pâte à intervalles réguliers de 5 cm. Humidifiez la pâte autour de la farce avec un pinceau humecté d'eau.
2. Couvrez la farce d'une autre feuille de pâte, puis pressez tout autour pour chasser l'air et coller les feuilles de pâte entre elles.
3. Coupez les raviolis avec une roulette cannelée ou un couteau en laissant 1,5 cm de pâte autour de la farce.

UTILISER UN PÈLE-POMME

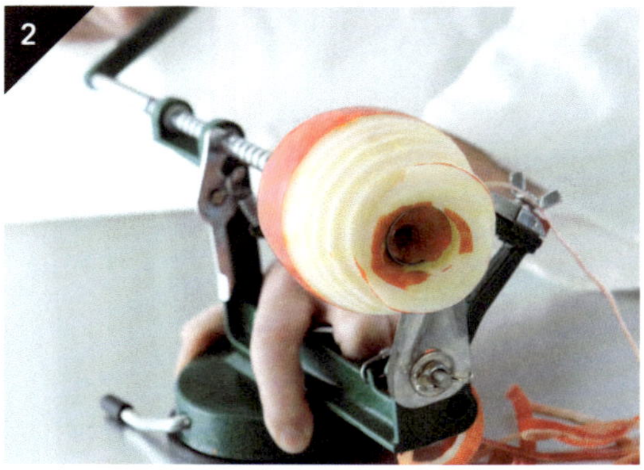

1. Ventousez l'appareil, puis fixez la pomme côté pédoncule.
2. Tournez la manivelle jusqu'au bout. Le pèle-pomme épluche et tranche la pomme.
3. Enlevez la pomme. Elle est prête à être dégustée !

ASTUCE
Choisissez des pommes calibrées et bien fraîches pour l'utilisation du pèle-pomme.

PRÉPARER UN ANANAS

1. À l'aide d'un couteau-scie, coupez les 2 extrémités de l'ananas pour former des assises.

2. Posez le fruit debout sur la planche et coupez la peau de l'ananas à ras, de haut en bas, en suivant les contours du fruit.

3. Éliminez les yeux : taillez de biais dans l'ananas de chaque côté de la ligne formée par les points, de manière à enlever toute la ligne en une seule fois.

4. Une fois l'ananas épluché et débarrassé de ses yeux, il ne reste plus qu'à le couper en quartiers ou en tranches !

ASTUCE

Pour vérifier si votre ananas est mûr, tirez sur l'une de ses feuilles. Si elle se détache facilement, le fruit est mûr !

ZESTER ET PELER À VIF DES AGRUMES

1. À l'aide d'une râpe universelle, râpez les zestes de l'orange en ne prélevant que la partie colorée (l'écorce), car la petite peau blanche située au-dessous est affreusement amère !

2. Deuxième technique : prélevez les zestes au moyen d'un économe. À l'aide d'un couteau, enlevez la peau blanche, coupez les zestes en julienne, puis hachez-les.

3. Pour peler à vif des agrumes, disposez le fruit sur la tranche et découpez les 2 extrémités sans avoir peur de rentrer un peu dans la chair.

4. Posez le fruit sur l'une de ses faces découpées et suivez les contours du fruit avec le couteau en prenant garde d'enlever le zeste et la peau blanche.

5. Enlevez le reste de la peau blanche.

ASTUCE

Les agrumes sont plus faciles à râper entiers. Choisissez de préférence des fruits bio ou non traités.

LEVER DES SEGMENTS D'AGRUMES

1. À l'aide d'un couteau, suivez les peaux blanches de chaque côté du premier segment jusqu'au centre de l'agrume, en prenant garde de ne pas le sectionner.
2. Réalisez la même opération sur la membrane blanche opposée et dégagez le premier segment.
3. Taillez le long de la membrane, tournez celle-ci comme la page d'un livre. Puis découpez à partir du centre le segment suivant, et procédez de la même manière sur tout le fruit.
4. Pressez les membranes restantes pour en extraire un maximum de jus.

ASTUCE

Pour enlever la peau, utilisez un couteau bien aiguisé ou un couteau à steak ordinaire. Dans les deux cas, ne forcez pas sur la lame, mais donnez-lui un mouvement régulier comme une scie.

PRÉPARER UNE CONFITURE

1. Lavez, épluchez et coupez les fruits comme indiqué dans la recette, ou égrainez les baies.
2. Faites macérer 1 nuit les fruits avec le sucre dans un grand saladier (jamais dans la bassine à confiture). Le jour même, placez le mélange dans une bassine à confiture.
3. Faites cuire le temps indiqué en vérifiant la cuisson.

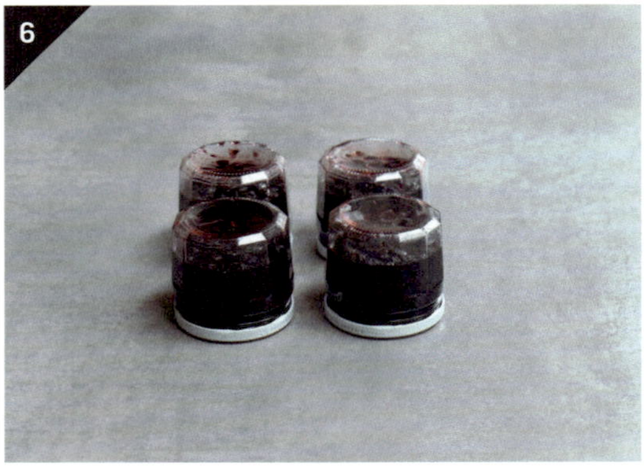

4. Écumez la confiture, si nécessaire.
5. Mettez en pots quand la confiture est encore bouillante.
6. Fermez et retournez les pots jusqu'à refroidissement complet.

VÉRIFIER LA CUISSON D'UNE CONFITURE

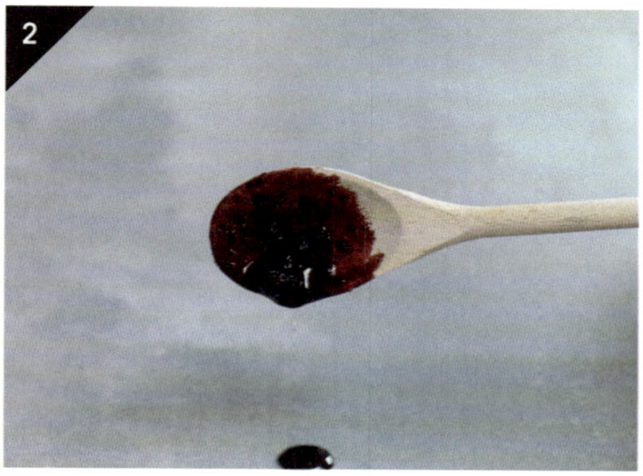

1. Avec un thermomètre à confiture : plongez-le dans la confiture en cours de cuisson. La température de cuisson optimale doit être de 105 °C.

2. Avec une cuillère en bois : plongez-la dans la confiture puis ressortez-la immédiatement ; la confiture est cuite quand les gouttes qui tombent de la cuillère forment des petites perles.

3. Sur une assiette : versez 1 cuil. à café de confiture sur une assiette. Penchez l'assiette. La confiture cuite s'écoule doucement sur l'assiette.

CRÉDITS DES RECETTES

Maya Barakat Nuq : pp. 150, 157, 170, 178 ; Garlone Bardel : pp. 13, 28, 29, 42, 48, 55, 56, 57, 62, 63, 68, 80, 98, 104, 123, 128, 135, 143, 146, 147 ; Garlone Bardel et Clémentine Donnaint : pp. 22, 69, 72, 84, 85, 88, 89, 93, 153, 160, 173, 190, 191 ; Alexandra Beauvais : pp. 26, 92, 142, 161 ; Aurélie Desgages : p. 164 ; Valéry Drouet : p. 184 ; Thomas Feller : pp. 10, 32, 72, 76, 160 ; Eva Harlé : pp. 40, 41, 54, 77, 83, 115, 122, 126, 136, 166, 177 ; Alexia Janny : p.47 ; Stephan Lagorce : pp. 16, 18, 20, 53, 102, 106, 107, 114, 116, 130, 152 ; Mélanie Martin : pp. 12, 17, 19, 27, 33, 36, 49, 60, 66, 73, 80, 81, 88, 92, 110, 127, 134, 138, 156, 165, 172, 176, 185 ; Emilie Perrin : pp. 48, 52, 103, 105, 120, 121, 122, 126, 129, 131, 137, 142.

CRÉDITS DES PHOTOGRAPHIES

© Pierre Chivoret : p.46 ; © Valéry Guédès : pp. 12, 16, 17, 27, 33, 36, 49, 53, 60, 66, 102, 110, 111, 114, 127, 134 ; © Franck Hamel : pp. 26, 92, 142, 161 ; © Frédéric Lucano : pp. 2, 94 ; © Françoise Nicol : pp. 48, 83, 103, 121, 122, 129, 137, 142, 166, 177 ; © Rina Nurra : pp. 105, 120, 126, 131, 164 ; © Aline Princet : pp. 32, 40, 41, 52, 54, 72, 77, 115, 122, 126, 136, 150, 157, 170, 178 ; © Philippe Vaurès Santamaria : pp. 10, 13, 18, 19, 20, 22, 28, 29, 42, 48, 55, 56, 57, 62, 63, 68, 69, 72, 73, 76, 80, 81, 84, 85, 88, 89, 92, 93, 98, 104, 106, 107, 114, 116, 123, 128, 130, 135, 138, 143, 146, 147, 152, 153, 156, 160, 165, 172, 173, 176, 185, 190, 191 ; Pierre-Louis Viel : p. 184 .

Pour l'éditeur, le principe est d'utiliser des papiers composés de fibres naturelles, renouvelables, recyclables et fabriqués à partir de bois issus de forêts qui adoptent un système d'aménagement durable. En outre, l'éditeur attend de ses fournisseurs de papier qu'ils s'inscrivent dans une démarche de certification environnementale reconnue.

Direction : Catherine Saunier-Talec
Responsable éditoriale : Céline Le Lamer
Responsable artistique : Antoine Béon
Conception intérieure et couverture : Pauline Ricco
Illustrations : Jérémy Mariez
Réalisation intérieure : Dune Lunel assistée de Joanna Starck
Correction : Delphine Billaut
Fabrication : Amélie Latsch
Responsable partenariats : Sophie Morier (smorier@hachette-livre.fr)

L'éditeur remercie Alice Dauphin pour son aide précieuse.

Dépôt légal : septembre 2014
21-11-2223-01-7
ISBN : 978-2-01-238836-9
Achevé d'imprimer par Grafica Cayfosa en Espagne

Retrouvez-nous sur notre page Facebook et devenez fan d'Hachette Cuisine.

PAPIER À BASE DE FIBRES CERTIFIÉES

hachette s'engage pour l'environnement en réduisant l'empreinte carbone de ses livres. Celle de cet exemplaire est de : 320 g éq. CO_2
Rendez-vous sur www.hachette-durable.fr